안동의 종가

안동문화를 찾아서 7

안동의 종가

초판 제1쇄 인쇄 2001. 12. 10.
초판 제1쇄 발행 2001. 12. 15.
지은이 **윤천근** 글·**김복영** 사진
펴낸이 **김 경 희**
펴낸곳 **(주)지식산업사**
등록번호 1 - 363
등록날짜 1969. 5. 8
주   소 서울특별시 종로구 통의동 35-18
전   화 (02) 734-1978, 1958 ; 735-1216
전   송 (02) 720-7900
홈페이지 www.jisik.co.kr
e-mail jsp@jisik.co.kr
        jisikco@chollian.net
책   값 8,000원

ISBN 89-423-4814-1
ISBN 89-423-0029-4(세트)

이 책을 읽고 지은이에게 문의하고자 하는 이는
지식산업사 e-mail로 연락 바랍니다.

안동문화를 찾아서 7

안동의 종가

•

윤천근 글 · 김복영 사진

지식산업사

◀◀ 퇴계종택 전경

조선의 종

가문화는 '벌써 해체

되어 사라져' 버렸지만, 안동의

종가문화는 '아직 실재' 하거나, 적어도

'지금 해체가 진행 중' 이다. 종가문화가 미약하게

나마 기능하고 있는 곳, 안동에서만이 종가문화를 우리들

의 삶 속에 녹여내 보존하려는 노력이 전개될 수 있다. 그러한 노력

이 현대에도 종가의 삶이 단단하게 터전을 잡을 수 있는 방

식을 찾아낼 수 있을 것이다. 안동이 종가문화와

현대의 삶을 맺여줄 수 있다면, 우리의

오늘의 삶은 조금은 더 풍요로

움을 갖출 수 있을 것

이다.

안동의 종가를 찾아서

안동의 종가를 작은 책자로 꾸민다는 것은 어려운 일이다. 안동에는 종가가 하나 둘이 아니기 때문이다. 나는 '안동의 종가'라는 주제로 3년 동안《안동》지에 연재를 한 적이 있다. 그 동안 열여덟 집의 종가를 살펴보았는데, 그것도 안동 지역 종가의 극히 일부일 뿐이라는 점을 부인하기 어렵다. 그만큼 안동 지방에는 종가가 많은 것이다. 그런데 여기에는 그 열여덟 집의 종가에 대한 이야기조차도 다 수록할 수 없다. 지면이 허락하지 않기 때문이다. 그러니 그 소략함의 정도가 어떠하리라는 점은 굳이 말할 필요가 없을 터이다.

이 책을 집필하면서 내가 가장 어려움을 느꼈던 것은 어느 종가를 선택할 것이냐 하는 점이었다. 따라서 나는 나름의 선별기준을 정하였다. 안동 지역의 삶살이에서 가장 중요한 의미를 지니는 가문, 가서 살펴볼 수 있는 종가를 갖추고 있는 가문을 기준으로 삼아 서술하고자 하였던 것이다.

진성이씨 가문과 의성김씨 가문, 풍산유씨 가문은 안동 지역 삶살이에서 가장 중요한 의미를 지니는 가문이라는 점에서 선택하였다.

이황, 김성일, 유성룡을 배제하고 안동의 문화적 삶살이를 이야기하기는 어려운 일이라고 생각하였기 때문이다.

고성이씨 가문은 미이라나 사랑의 편지 등으로 요즈음 우리 주변에서 새로운 화제를 불러일으켰고, 가서 볼 수 있는 문화유산으로서 임청각이 있다는 점에서 선택하였다.

광산김씨 가문은 가서 볼 수 있는 문화유산으로서 오천 문화재 단지를 갖고 있다는 점에서 선택하였다.

이런 가문들 밖에도 안동 지역에서 중요성을 갖는 가문이나 가서 볼 수 있는 문화유산을 갖고 있는 가문이 많이 있다는 점을 나는 안다. 그러므로 나의 선별기준이 절대적으로 합당하다고 말할 수는 없는 일이다. 이 점에서 나는 이 책에 수록할 수 없었던 많은 가문의 종가와 관계되는 사람들에게 미안한 마음을 금할 수 없다. 그리고 여기에 빠진 많은 가문과 종가들의 이야기를 이것과 같은 책으로 엮어낼 수 있는 기회를 다시 가질 수 있기를 기대하여 본다.

2001년
효창산에서
윤천근

Ⅰ. 진성이씨 가문의 종가들 ▥ ▥ 13

1. 진성이씨의 등장 ▥ 13

2. 진성이씨의 '두루마을' 입향 ▥ 17

3. 진성이씨 두루종택 — 욕심내지 않음의 미학 ▥ 22

4. 두루종택의 뚝향나무 ▥ 25

5. 두루종택과 경류정 ▥ 30

6. 온혜종택 — 뚝향나무를 통해서 이어지는 가문의식 ▥ 32

7. 온혜종택 — 노송정, 온천정사, 퇴계태실 ▥ 40

8. 퇴계종택 — 추월한수정의 고매기 ▥ 46

9. 퇴계종택 — 매화, 또 매화 ▥ 51

10. 퇴계종택 — 뒷담의 쪽문과 뒤울의 3단화단 ▥ 53

11. 퇴계종택 — 홍살문(정문)을 통과하여 ▥ 55

Ⅱ. 의성김씨 가문의 종가들 ▥ ▥ 61

1. 내앞을 가다 ▥ 61

2. 의성김씨의 역사 — 내앞시대 이전 ▥ 66

3. 의성김씨의 역사 — 내앞시대 ▥ 74

4. 청계공 종택 ▥ 88

5. 학봉 김성일의 종가 ▥ 95

6. 흘러가는 세월과 정지되어 있는 역사 ▥ 103

Ⅲ. 풍산유씨 기문의 종기들 ▦ 109

1. 하회마을 ▦ 109
2. 풍산유씨의 역사 — 시조로부터 겸암 유운룡까지 ▦ 112
3. 유운룡과 유성룡 ▦ 122
4. 풍산유씨 겸암파의 역사와 대갓집 노종부 ▦ 126
5. 겸암종택 — 양진당 이야기 ▦ 134
6. 서애종택 — 충효당 이야기 ▦ 139

Ⅳ. 고성이씨 기문의 종기들 ▦ 147

1. 정상동에서 일어나고 있는 일 ▦ 147
2. 안동의 고성이씨 ▦ 149
3. 귀래정 종가 ▦ 155
4. 미이라, 미이라, 그리고 사랑의 편지 ▦ 163
5. 임청각 종가 ▦ 171

Ⅴ. 광산김씨 예안파의 5백년 세월 ▦ 183

1. 광산김씨와 안동김씨(상락김씨) ▦ 183
2. 광산김씨의 역사 — 시조 김흥광으로부터 안동 입향 이전까지 ▦ 187
3. 광산김씨 예안파 — 외내시대 ▦ 196
4. 오천 '군자리' ▦ 211
5. 김준식 씨의 작은 혁명 ▦ 223

Ⅵ. 종기문화와 안동, 그리고 현대 ▦ 229

Ⅰ. 진성이씨 가문의 종가들

1. 진성이씨의 등장

진성이씨의 본관인 '진성'은 '진보'를 뜻한다. 원래 진성이씨는 진보이씨였다. 진성이씨 가문을 출현시킨 사람은 고려말기에 진보에 살았던 '이석'이다.

이석은 진보현에 대를 이어 살아 왔던 이씨 가운데 하나였다. 그는 진보현의 '현리'였다고 한다. 그는 '사마시'에 합격함으로써 현리의 신분에서 몸을 떨치고 일어나며, 진보를 본관으로 하는 이씨 가문을 출현시킨다. 이석이 언제 사마시에 합격하고, 언제부터 진보를 본관으로 쓰게 되었는지는 분명하지 않다. 그러나 그것은 무신정권의 고려지배가 끝나가고, 고려 왕실의 권위가 서서히 회복되어 가면서 고려가 국가체제를 다시 추스르기 위하여 광범위하게 인재를 구하였던 때의 일이라고 보는 것이 옳을 터이다. 그리고 그의 아들인 '송안공 이자수'가 충숙왕 시절에 벼슬길에 올라있는 것을 보면, 이석의 입신은 적어도 충숙왕 시절 초기나, 그 이전으로 말하여질 수 있을 것이다. 이즈음에 많은 토성들이 향리로부터 몸을 일으켜 중앙에 진출하는 것을 우리는 볼 수 있다. 진성이씨는 중앙으로 진출하지는 않았지만, 이 시기에 몸을 일으킨 토족들 가운데 하나인 것만은 분명하다. 이석이 실직으로 어떤 벼슬을 거쳤는지는 분명치

진성이씨 시조묘단

않다. 그러나 그가 세상을 떠난 뒤 증직으로 '밀직부사'를 제수받았다는 것은 그 후손들의 '묘갈명' 등에서 세계(世系)를 언급하는 경우에 되풀이하여 말해진다. 그에게 내려진 증직이 그의 생전의 활동 때문인지, 아니면 그 후손들의 영달 때문인지 분명하지는 않지만 말이다.

어쨌든 이석으로부터 이 계열의 사람들은 진보이씨라고 불리어진다. 그것이 진성으로 바뀐 것은 중종시대부터의 일이 아닌가 여겨진다. '진성이씨 대종회'에서 펴낸 《열화》 3호에서 이제교 씨는 '진보'가 '진성'으로 바뀐 것은 퇴계 이황의 숙부인 송재공 이우로부터 기인한다는 점을 밝히고 있다. 송재공 이우는 연산군의 승지였으나, 반정의 날 그의 의도와는 무관하게 반정군의 편에 속하게 된다. 무슨 변고가 생긴 것인가를 분명히 알아오라는 연산군의 명을 받고 대궐을 나섰다가 바로 반정군에 속하게 되고, 반정군의 편에 서서 권력이 중종에게 전하여지는 과정에서 일정한 기능을 담당하게 된다. 그리하여 그는 '승정원 동부승지'로 승진하면서 '정국공신'에 녹훈되며, '청해군'에 봉하여지고, 그의 부친인 '노송정공 이계양'에게는 '보조공신 이조참판 진성군'의 칭호가 증직으로 내려진다.

송재공 이우의 녹훈과 노송정공 이계양에게 증직으로 내려진 직책은 후에 연산군의 승지들이 반정공신으로 책훈되는 것은 불가하다고 하여 회수된다. 그 때 이우에게 내려진 군호와 벼슬뿐만 아니라 이계양에게 내려진 진성군이라는 군호와 벼슬도 회수되었을 것임은 분명하다. 송재공 이우는 이후 안동부사로서 선정을 베풀었으므로, 그것에 대한 포상으로 '가선대부'의 품계가 주어진다. 그리고 그 부친인 이계양에게도 '가선대부 병조판서 겸 동지 의금부사'라는 증직이 추증된다. 이렇게 품계는 회복되었으나, 군호가 회복되었는지는 확인할 수 없다. 아마도 송재공 이우와 노송정공 이계양의 군호는 회복되지 않았다고 보는 편이 옳을 것이다. 어쨌든 진성이씨 21세 손이라는 이제교 씨는 '진보의 옛 이름이 진성이었다'거나 '퇴계 이황으로 인하여 진성이씨로 불리우게 되었다는 설' 등을 부정하면서, 노송정공 이계양에게 내려진 군호가 바로 이 가문을 진성이씨라고 부르게 된 이유라는 점을 분명히 한다.

이계양 이전에 이 가문의 사람들과 연관되어 '진성'이라는 칭호는 나타나지 않는다. 물론 진보의 옛 이름이 진성이었다는 설은 고증을 필요로 하는 문제이기는 하다. 그러나 설령 진보의 옛 이름이 진성이라고 하더라도, 그것은 진보이씨를 진성이씨로도 부를 수 있다는 개연성을 증명하여 줄 따름이지, 왜 진보이씨라고 불리우던 이 가문의 이름이 진성이씨로 바뀌어졌는가를 설명하여 줄 수는 없는 일이다. 그 경우에도 우리는 진성이씨 가문에 속하는 사람들 가운데 가장 먼저 '진성'이라는 글자와 관계를 맺는 사람이 누구인가를 살펴보지 않을 수 없고, 이계양에게 내려진 진성군이라는 군호에 주목하지 않을 수 없는 것이다. 노송정공 이계양의 군호는 회수된 다음에 회복되지 않았을 것이지만, 그것은 이 가문의 관향에 영향을 끼

처서 대대로 이 가문 사람들을 '진성이씨'라고 부르게 만들어 주었
을 것이다.

2. 진성이씨의 '두루마을' 입향

　진보에서 대대로 살아왔던 이씨 가운데 이석 계열의 사람들이 향
촌의 이족(吏族)으로부터 몸을 일으켜 사족(士族)으로 등장함으로
써 진성이씨라는 가문의 역사는 시작된다. 이석은 '송생김씨'와 사
이에 '자수'와 '자방'을 낳는다.

　이석의 장자 이자수는 진성이씨
가문의 세거지를 옮겨 두루마을에
자리잡은 사람으로, 진성이씨가 안
동과 연관된 삶을 살아가지 않을 수
없게 만든 주인공이다. 그는 충숙왕
시절(1330년) '판통사랑 도염령 동
정'이라는 벼슬에 있을 때 '향공명
서업'에 급제하여 본격적인 벼슬살
이에 들어간다. 그의 벼슬은 우왕 때

송안군 이자수 유품(모자)

에는 '통헌대부 판전의시사'에까지 이르고, 공민왕 때에는 '송안 군'으로 봉군된다.

이자수가 공민왕 때 군호를 받은 것은 홍건적을 토벌하는 데 공을 세웠기 때문이다. 홍건적이 4만 병력으로 압록강을 넘은 것은 1359년(공민왕 8년)의 일이다. 이것이 홍건적의 1차 침입인데, 이 때 서경이 함락되기까지 한다. 홍건적은 '이방실' 등에 의하여 격파되지만, 1361년에 2차 침입을 하고, 이 때에는 개경이 함락된다. 공민왕이 안동(복주)으로 피난오는 것도 이 때의 일이다. 이 일로 '복주'는 '안동대도호부'로 되는데, 홍건적의 2차 침입은 정세운 등에 의하여 격파되고, 개경은 수복된다.

공민왕 임인년(1362년)에 '침원서령'으로 홍건적의 난을 평정한 공훈을 세웠으므로 그 두 해 뒤 갑진년(1364년)에 '안사공신'의 칭호와 함께 봉군의 광영을 얻게 된 것이다.

〈송안군유적비명〉의 기록이다.

…… 정세운이 홍건적을 토벌하고 경성을 수복할 때, 비장으로서 공을 세워 송안군에 봉군……

〈송안군 행장〉의 기록이다.

18

홍건적의 2차 침입은 안동과 무관할 수 없는 일이지만, 진성이씨 가문과도 끊을 수 없는 관련이 있는 것이다.

이자수는 나중에 벼슬을 그만두고 돌아와 세거지를 안동으로 옮긴다.

> 공은 당초 왜란을 피하여 진보 이씨촌으로부터 안동으로 옮겨 '마애'에 자리를 잡았다가, 다시금 '두루'에 옮기셨으며, 묘소는 '두솔원 마명동'(지금의 서후면 명동)에 있으며……

⟨송안군 유적비명⟩에 있는 글이다.

왜구의 잦은 침략이 진보에까지 이르렀고, 송안군 이자수는 그러한 왜구의 침입으로부터 더 안전한 삶터를 찾아 내륙으로 들어와서 안동을 기지로 선택했던 것이다.

송안군 이자수가 두루마을에 입향하였을 때는 아마도 그의 인생의 만년이었을 것이다. 따라서 아들 '운구', '운후' 등과 같이 입향하였을 것임을 추정하여 볼 수 있을 터이다.

두루종가 전경

3. 진성이씨 두루종택
― 욕심내지 않음의 미학

'두루'는 이름부터가 신선하다. '경상북도 안동시 와룡면 주하리' 또는 '주촌'이라고도 부른다. '두루마을'이기 때문에 한자로 '두루 주'자를 써서 주촌이라고 한다. 이 마을 이름이 '두루'인 것은 그곳에 한 번 가보면 안다. 이 마을은 사방이 나지막한 산으로 둘러싸여 있고, 산들 사이에 아주 좁직하게 분지가 열려있다. 그것이야 영남의 어느 마을이나 갖추고 있는 지형적 조건일 터이지만, 두루마을은 특별히 더욱 그러하다. 진성이씨 두루종가의 사랑채 마루에 앉아서 보면 우리는 그 점을 실감할 수 있다. 앞도, 뒤도, 좌·우도, 바싹 다가서 있는 산자락으로 빈틈없이 둘러막혀 있고, 뒷산 자락을 깔고 앉아있는 진성이씨 '두루' 종가와 앞산 사이에는 15미터 정도의 폭을 갖는 비좁은 분지가 열려있을 따름인 것이다.

그러나 두루마을이 비좁다는 것은 '옥의 티'라 할 만하다. 어디 인간의 삶터가 열 가지 좋은 점만으로 이루어져 있을 수 있겠는가? 아홉 가지 좋은 점을 갖추고 있다면 한 가지 정도의 나쁜 점은 끼워갖고 있는 것이 오히려 합당한 일일 터이다. 넘치면 부족함만 못하다고 하지를 않던가! 두루종가의 비좁음 주변 형국이 답답하다는 느낌을 동반하는 것이라면, 그 비좁음은 치명적인 약점이 될 수 있을 터이다. 그러나 주변 산들이 다 나지막하여서, 비좁으면서도 시야가 탁 트여 보이는 것은, 두루종가가 갖추고 있는 '비좁음'이 치명적 약점이 아니라, 아홉 가지 좋은 점들 속에 끼어 있는 하나의 사소한 약점에 불과한 것으로 받아들일 수 있게 한다.

그리고 보면 두루종가의 주변 형국이 갖추고 있는 '비좁음'은 어쩌면 약점이라고 하기보다는 장점이라 할 수 있을런지도 모를 일이다. 그것은 진성이씨의 종가가 터잡고 있는 풍수적 형세를 빼어난 명당자리가 아니라 수수한 명당자리로 만들어 주며, 두루종가가 넘치지 않고 모자란 듯 하면서도 온갖 장점을 두루 갖추고 있게 하는데 충분히 기여하고 있기 때문이다. 또한 이것은 어쩌면 진성이씨 가문 사람들이 갖추고 있는 품격과도 서로 어울리는 일면을 갖는다고 하겠다. 이 가문 사람들은 앞으로 나서서 스스로를 드러내기보다는 물러서 지킴을 통하여 가문의 영광을 최고로 끌어올리는 결과를 만들어냈기 때문이다. 이 가문에서는 현달한 인사들이 많이 나왔지만, 그들은 정치적 권능을 행사하는 데 몰두하였던 사람들은 아니다. 정치적으로 역사와 시대를 좌지우지하는 인물을 이 가문은 거의 배출하지는 않았던 것이다. 이 점에서는 진성이씨 가문을 대표하는 '퇴계 이황'도 마찬가지이다.

퇴계 이황은 역사의 전면에 나서서 정치적 권능을 행사함을 통해 조선을 대표하는 인물 가운데 하나가 된 것이 아니다. 퇴계 이황은 물러나 조용히 지킴으로써 조선의 역사를 단숨에 장악하여 버리는 위업을 달성해 낸 인물인 것이다. 물러나 지키고자 하였던 것은 이황뿐만이 아니라, 이 가문이 배출한 거의 모든 인사들에게서 나타나는 공통의 특성이다.

이 가문의 선대들이 두루의 자연을 선택한 것은, 그들이 조용하고 아늑한 것을 사랑하는 마음, 평범하고 비좁은 터를 오히려 좋아하는 마음을 갖추고 있었음을 알게 하고, 이러한 입장과 태도는 '크게 욕심내지 않음'의 의미로 번역될 수 있으며, 그러한 입장과 태도가 그 후손들에게 유훈으로 남겨져서 '물러나 지킴'의 처사적 삶을 중심으로 하는 삶의 특성을 확정하여 준 것이 아닌가 하는 생각을 해본다.

"'송안군'께서 여기에 터를 잡으셨습니다."

진성이씨 두루종택에서 만난 종손 이세준 씨가 말하였다.

송안군께서는 당초 '진보'에 터전을 갖고 계셨는데, 말년에 '풍산 마애'로 옮기셨어요. 그런데 홍수가 나는 바람에 마애를 떠나 다시 두루에 자리를 잡으시고, 여기 두루에서 돌아가셨지요. 송안군은 시조의 자제이시지요. 나는 시조로부터 25대이니, 송안군으로부터는 24대가 되는 셈입니다.

이세준 씨는 앞산 소나무들을 바라보며 말하였다. 그의 시선이 앞산 소나무들 사이를 떠돌고 있는 실바람의 꼬리를 따라가고 있는 것인지, 아니면 그 너머 산과 구름 사이에 가로놓여져 있는 역사의 흐름을 거슬러 올라가 6백년도 더 지난 옛날 속을 기웃거리고 있는지는 알 수 없는 일이었다.

4. 두루종택의 뚝향나무

이세준 씨는 종가의 사랑채 서쪽 끝, 경류정 앞쪽에 자리잡고 있는 '뚝향나무'를 제일 자랑스러워 한다.

두루종가 뚝향나무

뚝향나무는 향나무의 변종으로 줄기가 곧게 서지 않고 가지가 수평으로 퍼지는 점이 보통의 향나무와 다르다.……(이 뚝향나무는) 나이 600년, 용이 꿈틀

거리며 하늘로 오르는 듯한 형상…… 조선 세종 때 선산부사를 지낸 진성 이정이 정주판관으로 있으면서 평북 약산성 쌓기를 마치고 고향으로 돌아올 때 가져다 심은 것……

뚝향나무 앞에 서 있는 안내판의 글이다.

이 나무의 유래를 기록한 〈노송기〉에는 선산공께서 세종조 판관으로 재직시 북쪽 오랑캐의 침공을 막기 위한 평북도 영변진 설치와 약산성 중축의 대역사를 감독하여 공적을 남기시고 귀향길에 약산 향송 3주를 옮겨와 한 그루는 본가인 경류정 앞(물론 당시에는 경류정이 없었다) 정원에 심으시고, 또 한 그루는 공의 셋째 아드님 판관공(이계양, 증직 이조판서)이 온혜 기지를 열 때 심으셨으며, 나머지 한 그루는 외가 쪽 후손인 선산박씨 근손씨 가에 심으셨다고…… 그러나 조부님(이용순, 자는 경덕, 호는 동명, 1982년 별세)의 고증에 의하면 온혜 노송나무는 임인년 폭설에 동사하였고, 지금(1983년)부터 약 46년 전 조부님께서 손수 우리 집 향나무 가지를 취목하여 옮긴 것이 지금의 온혜 종택 향나무이며, 선산박씨 가는 임란(1592년) 때 왜병이 뿌리를 잘라버렸다고 한다.

이상은 《열화》 4호에 이세준 씨가 기고한 〈천연기념물 제314호〉라는 제목의 글 속에 나오는 일절이다.

이 뚝향나무는 북쪽으로 15도 정도 경사를 그리며 자라나서 높이 1.5미터 정도에 이르러 지표면과 수평으로 가지들을 펼쳐낸다. 둥치는 나뭇결이 마치 거세게 소용돌이치는 물결처럼 육질이 한쪽 방향으로 치밀하게 비틀리며 뻗어 올라가고, 가지는 사방으로 빈틈없이 뻗어나가 마치 맷방석 모양의 커다란 원을 땅과 수평으로 만들어 내고 있다. 가지는 너무 빈틈없이 뻗어 있어서, 아래 쪽으로는 햇볕이 스며들지 못할 정도이며, 바람도 통하지 않아서, 아래쪽 가지에는 퍼렇게 곰팡이가 슬어 있기도 하고, 나뭇잎의 푸른색조차 찾아볼 수 없을 정도이다. 위쪽에서 보면 나무는 수세 좋은 푸르름을 연출하고 있다. 수십 수백의 잔가지들이 녹색의 푸르름을 뿜내고 있고, 그 가지들 끝에서는 연녹색의 어린 순들이 작은 손들을 수없이 위로 뻗어서 하늘의 푸르름을 향해 손짓하는 듯한 형상을 드러낸다. 그 손짓 속에서는 수만 수억의 잔물결들이 이는 듯도 하고, 운동장을 꽉 채운 어린아이들이 고사리 같은 손짓으로 만들어내는 박수소리

두루종가 뚝향나무 상층부와 그 너머 두루마을

가 우르르 들려오는 듯 하기도 하다.

종손 이세준 씨는 이 나무를 취목하여 후대목을 키우고 있기도
하다.

　　"꺾꽂이하여 한 20개를 심었는데 한 그루가 살았어요."

집과 경류정 사이, 사당 앞쪽의 좁은 빈 터에서 종손 이세준 씨가
취목한 뚝향나무의 후대목은 이제 1미터 이상되는 높이로 싱그러운
푸른 빛깔들을 지심으로부터 줄기차게 길어올리고 있었다.

세종 시절의 선산부사 이정이 굳이 향나무를 가져다 여기 심고,
다른 곳에도 심게 한 이유는 어디에 있을까? 그것은 공구(공자)가
그리하였듯이 '소나무와 측백나무' 등, 사철 푸르른 침엽수의 지조
와 절개를 높이 산 때문일까? 그러한 교훈을 후손들에게 남겨주기
위해 선산부사 이정은 그 먼 평안도에서 이 향나무를 가져다 종가의
마당에 심은 것일까?

정확한 이유를 말할 수는 없는 일이지만, 선산부사공이 굳이 향나
무를 택하여 심은 데에는 이러한 의도가 숨겨져 있었다고 봐야할 것
이다. 그리고 이 향나무는 대대로 두루종가의 모든 종손들의 극진한
위함을 받으며 6백년 이상의 세월을 살아남을 수 있었던 것이다. 향
나무가 버텨냈던 세월 동안 내내 이 가문 사람들에게 '지조와 절개'
라는 교훈을 심어주면서 말이다. 그런 점에서 선산부사 이정이 이

가문 사람들에게 끼치고 있는 영향은 이 뚝향나무처럼 크고 넓다고 할 수 있다.

선산부사 이정은 이자수의 둘째 아들인 이운후의 아들이다. 이정은 활 쏘고 말 타는 일에 능해서, 그 탁월한 무술로 일찍이 현달하였다. 세종 시대에 '건주위' 추장 이만주가 여러 번 변경을 침범하여 조정에서는 서북방에 근심이 컸다. 이 때 그는 영변부 판관에 선임되어 약산성을 넓혀 큰 진영을 설치하는 일을 하였고, 나중에는 최윤덕을 따라 '모린위'를 치는 일에 공로를 쌓았다. 그의 모친은 '지보주사' 김정의 따님이고, 배위 안동김씨와 사이에 아홉남매를 두었다.

그의 장자 우양은 인동 현감을 지냈고, 두루의 종가를 지켜나갔으며, 그 가계는 철손 — 훈 — 연 — 희안 — 정회 등으로 이어진다.

'연'은 훈도를 지냈으며, '경류정'의 주인이다. 경류정은 원래 아랫마을 쪽에 있었지만, 지금은 종가의 옆에 옮겨져 있다.

선산부사 이정의 둘째 아들은 '훈련참군'을 지낸 홍양이고, 그의 가계는 은 — 희동 — 문괴 등으로 이어진다. 선산부사 이정의 막내아들은 9남매의 막내이며, 이름이 '계양'이다. 이계양은 진성이씨의 한 갈래가 온혜에 정착하여 살기 시작하게 한 사람으로, 그의 둘째아들 송재 '우', 그의 손자 '정민공 해', '문순공 황'이 현달함으로써 진성이씨 일문은 영남 반가의 최고 명문으로 뛰어오르게 되는 것이다.

5. 두루종택과 경류정

안동 주하동 경류정 종택.

경북 민속자료 73호로 지정되어 있는 유서깊은 두루종택을 부르는 이름이다. 경류정은 1492년에 지어졌다는 기록이 남아있지만, 종택은 언제 지었는지는 기록은 없다.

고송류수각(古松流水閣)

종택의 사랑채 처마 밑에 매달려 있는 편액의 글씨는 단아하게만 느껴진다. 그 글씨는 크고 대담한 필치로 쓰여져 있는 '경류정'의 현판글씨와는 아주 다르다. '고송류수각'은 이 사랑채의 당호이기도 하지만, 현 종손 이세준 씨의 고조부의 호이기도 하다.

사랑마루의 한쪽 벽에는 30여 분의 기일이 단정한 글씨로 쓰여있는 조그만 판이 걸려 있다.

조부께서 써 놓으신 것이지요. 집안의 제삿날짜까지 다 있어요. 나는 그 제사에 다 참여하지 못하지요.

두루종가 경류정

이세준 씨는 서울에 직장이 있고 집은 노모가 지키고 있다.

　　"조부께서는 글씨와 그림에 다 빼어났어요."

　이세준 씨는 그의 조부 이용순 씨가 그렸다는 8폭 병풍을 내어와
우리에게 보여 주었다. 소나무, 매화, 단풍, 난초, 연꽃, 국화, 포도,
대나무 등이 대담한 필치로 단순하게 그려져 있는 이 그림은 낙관이
없는 것이 유일한 흠이라 할 만한 것이었다. 이세준 씨는 이 그림을
보여주면서 자랑스러워 하였다.

　그리고 그는 송안군의 유품이라며 오래된 옛날의 '관(모자)과 각

대, 관집'을 보여주기도 하였다. 관은 종이에 철사를 넣어 만든 것이고, 각대는 가죽이었으며, 관집은 대로 술 거르는 용수처럼 짜서 뚜껑을 덮고 겉을 종이로 싸바른 것이었는데, 모두 세월의 흐름이 여실하게 느껴지는 고품이었다. 이세준 씨는 그것들을 다 정신문화연구원에 위탁 보관할 생각이라 하였다.

경류정은 종택 서쪽으로 붙어 서 있다. 3간으로 이루어져 있는데, 동쪽 1간은 장판방이고, 서쪽 2간은 통으로 터져 있는 마루방이다. 경류정의 남쪽으로는 좁직한 두쪽마루가 가로로 붙어있다.

6. 온혜종택
── 뚝향나무를 통해 이어지는 가문의식

안동시내에서 도산서원으로 나가는 길은 35번 국도, 이름하여 퇴계로이다. 퇴계로가 기찻길을 지나면서 이하마을로 들어가는 좁은 길이 위쪽으로 열리고, 그 길을 따라가다 보면 두루마을에 이른다. 두루마을에서 동쪽으로 난 길을 따라 나가면 와룡 쪽의 35번 국도를 다시 만나게 된다. 그 길을 따라 가서, 도산서원을 지나 고개를 넘으면 온혜, 이름 그대로 온천이 터져서 마을 분위기가 달라지고 있는 곳이다.

앞에서도 말했다시피, 두루에서 진성이씨 가문의 삶터를 온혜로 옮긴 사람은 선산부사 이정이 낳은 9남매의 막내아들인 '계양'이다. 그는 호를 노송정이라고 한다.

　"노송정공 이계양은 단종이 폐위되자 출사를 단념하고 초야에 묻혀 살기를 결심하며, 온혜의 들을 택하여 집을 짓고 들어앉았다."

내가《퇴계선생과 도산서원》에 적은 말이다.

진성이씨 온혜종가로 들어가는 길은 두 가지이다. 하나는 온천 때문에 새로 난 길 쪽으로 들어가는 것이고, 다른 하나는 옛날처럼 온혜초등학교 쪽으로 난 길을 통해서 들어가는 것이다.

온혜초등학교 정문 앞에는〈송재선생신도비〉가 서 있다.

　이 비는 송재선생 유허에 기념탑의 성격을 담아 세운 신도비이다. 선생은 이곳에서 1469년 4월 14일 진성이씨 시조(휘, 석)의 5대 손, 판서공(휘, 계양 ; 호, 노송정)의 둘째 아드님으로 태어나셔서…… 1498년에 급제하시어…… 환로의 비리를 개탄하시고 고향으로 돌아오시어 시작과 저서에 전념하시는 한편 조카들과 후배교육에 힘쓰시다가 1517년 11월 8일에 향년 49세로 세상을 떠나셨다.

온혜종가

신도비 앞에 세워져 있는 작은 안내판의 글이다.

신도비는 1988년에 완성되었다고 한다. 그런데 왜 한문으로 써 놓았는지 모를 일이다. 읽는 사람을 배려하지 않고서 어떻게 기념비의 의미가 살 수 있단 말인가? 생각해 볼 일이다.

신도비를 지나서 안쪽으로 쑥 들어가면 밭 가운데 길에 서 있는 멀쑥한 모양의 소나무 세 그루가 보이고, 그 사이로 멀찍이 온혜종가가 모습을 드러낸다. 그러므로 온혜종가를 찾아가려면, 초등학교 쪽 길을 택하는 것이 제격이다. 노송정으로 들어가기 전에 노송들 사이로 노송정을 볼 수 있기 때문이다.

온혜종가 앞에 서면, 보는 쪽을 기준으로 해서 오른쪽은 밭이지만, 왼쪽에는 두 채의 집이 앞으로 붙어있는 것을 볼 수 있다. 제일 앞쪽의 집 마당에는 꽤 커다란 뚝향나무가 자리잡고 있다. 두루의 그것과 같은 형상이지만, 좀 젊은 나무이다. 그런 까닭에 나는 섣부르게 원래의 뚝향나무가 임인년 폭설에 동사한 뒤에 두루에서 새로 가져다 심은 것이겠거니 하는 예단을 하였다. 그러나 그것은 실로 예단일 뿐이었다.

"아닙니다. 이것은 우리 조부님이 문경서 가져다 심은 것입니다."

그 집의 울을 고치고 있던 노인이 말하였다.

"종가 꺼는 합방 때 죽고 두루서 가져온 것도 죽었어요."

노인의 정보가 얼마나 정확한지는 모를 일이었다.

"그럼 어르신 집은 종가와는 아무 상관이 없습니까?"
"증조부께서 종가로부터 터를 사신 거지요."
"종가와는 어떤 관계셨습니까?"
"당시 10촌 이내셨지요."

그런데 이 노인은 두루의 이세준 씨만큼이나 뚝향나무에 열중하고 있었다. 그는 뒤울에 뚝향나무 후대목을 키우고 있었으며, 그 뒷집에까지 어린 뚝향나무를 가져다 심는 열성을 보이고 있었다.
노인은 종가에 두루에서 가져다 심은 뚝향나무도 죽었다고 하였

노송정 종가 동쪽 노송

대문에서 바라본 노송정

지만, 그렇다고 온혜종가에서 뚝향나무가 아주 사라진 것은 아니다. 노송정의 서남쪽에는 두 그루의 뚝향나무가 버티고 서 있고, 그 가운데 직립한 것 옆에는 '이곡파 식수'라는 표석이 붙어 있었다. 노송정 뒤편에도 세 그루의 뚝향나무가 있다. 그 가운데 동쪽의 하나는 막 뛰쳐나갈 듯 웅크리고 있는 형상이고, 서쪽의 두 개는 줄기가 어지럽게 굽어 있다.

두루에서 온혜까지, 진성이씨 일문의 사람들은 왜 그렇게 향나무 가꾸기에 몰두하는 것일까? 이세준 씨, 온혜종가로 들어가는 초입을 지키고 있는 노인, 그리고 종가까지 찾아와 향나무를 기념으로 심고 가는 '이곡파' 사람들 — 진성이씨 일문에게 향나무는 단순한 나무가 아니라 처음 향나무를 뜰 앞에 심었던 선산부사를 대표로 하는 조상과 대화하고 그 유업을 계승하는 매개체이기 때문일 것이다. 한 그루 향나무를 정성껏 가꾸는 것을 통하여 그들은 마치 의식을 치루어 내듯이 종족의 강 속으로 걸어들어가는 길을 열고 있는 것이리라.

7. 온혜종택

── 노송정, 온천정사, 퇴계태실

종택은 부드러운 봄날의 햇빛 속에 고즈넉이 물러앉아 있다. 종택으로 가는 길을 걸어들어가면, 처음으로 우리가 통과하게 되는 문에는 '성림문'이라는 현판이 걸려 있다. 무슨 의미일까? 방문객의 의문을 염두에 둔 탓일까? 문에는 또한 '중수기'가 판각되어 높이 매달려 있다.

연산 7년, 신유년 11월 기해일, 진시에 퇴계선생이 온계리 집에서 출생하셨다. 그 하루 전날 선생의 모친이신 정경부인 춘천박씨께서 공자가 문으로 들어오는 꿈을 꾸었으니, 참으로 좋은 꿈이었다.

중수기의 내용은 대충 그러하였다. 역시 한자만으로 쓰여져 있는 것이 마음에 걸렸다. 유학문화도 이제는 대중과 친화하는 방식을 찾아야 할 텐데, 그런 조짐이 어디서도 보이지 않는 것은 안타까운 일이다.

'성림문' 안은 바깥마당이다. 바깥마당의 북쪽 경계, 북쪽으로 흘러내린 산기슭 발치에는 노송정이 있다. 온혜의 종택 안에서 노송은 볼 수 없다. 밭머리 동쪽으로, 산기슭 윗쪽으로, 소나무는 멀리 비켜

나고, 노송정만 덩그렇게 놓여져 있다. 새로 기와를 이어서, 지붕이 검은 빛으로 반짝이는 모습이 생경하기만 하다. 노송정은 규모가 크다. 4간 규모의 복집이다. 동쪽의 3간은 마루이고, 서쪽의 한 간은 방이다. 방의 앞에는 마루가 또 만들어져 있고, 그 밑으로 아궁이가 보인다. 방쪽이 그 앞의 마루만큼의 넓이로 전면으로 튀어나와 있다.

　노송정 마루방 안에 서 보았다. 동쪽 벽에는 '해동추로'라는 현판이 보인다. 노나라의 추땅은 공자가 태어난 곳이다. 그곳과 온혜를 상호 연결시켜 바라보는 의식을 담고 있는 현판이다. 북쪽으로는 노송정이라는 현판을 중간에 두고 동쪽으로는 정민공(퇴계의 형인 해)과 문순공(퇴계)의 시가 새겨진 현판이 있고, 서쪽으로는 노송정 공이 용수사에서 독서하고 있는 식과 우에게 준 글이 새겨진 현판이 붙어있다. 이식은 퇴계 이황의 부친이고, 이우는 삼촌이다. 서쪽 벽에는 '산남낙민'이라는 현판이 보인다. 낙읍은 정호(程顥) 정이(程頤) 형제가 살았던 곳이고, 민 땅은 주자(朱子)의 삶터였다. 중국의 송나라 때 정이에서 주자로 이어지는 흐름이 우리의 조선시대를 주름잡은 주자학을 생산해 낸 것이라는 점을 상기한다면, 이 구절이 의미하는 바가 '해동추로'가 뜻하였던 것과 같다는 점을 알 수 있을 것이다.

　노송정 서쪽으로는 ㅁ자 형상의 본채가 자리잡고 있다. ㅁ자의 서남쪽 편에는 사랑이 있다.

　사랑의 동편에는 '온천정사'라는 현판이 걸려있고, 남쪽에도 두

노송정 대청의 현판

개의 현판이 더 걸려 있다. 한 사람의 작품이다. 글씨는 획이 가늘고 미끈하다.

온혜종택에서 눈여겨볼 만한 것은 퇴계태실, 그리고 안채와 사랑 채의 고매기이다.

퇴계태실은 ㅁ자 형상의 비좁은 안마당 북쪽에서 목젖처럼 남쪽을 향하여 돌출되어 있다. 안방, 또는 안채의 마루와 쪽마루를 사이에 두고 연결되어 있는 것이다. 그리고 쪽마루와 연결되지 않은 3면은 좁은 난간이 둘러쳐져 있다. 남쪽 방향의 난간은 좀 넓은 마루를 안 고 있다. 두 사람이 앉아서 작은 상을 받을 수 있는 정도의 공간이다.

태실 안은 아주 비좁다. 이 점에 대해서는 내가 쓴《퇴계선생과 도 산서원》속에서 한 구절을 옮겨보기로 하자.

퇴계태실

길이는 큰 사람이 누우면 머리와 발 끝이 양쪽 벽에 닿을 만하였고, 폭은 두 사람 정도가 겨우 누울 수 있는 여유만을 갖추고 있었다. 이황은 연산군 재위 7년, 서기 1501년에 이 방에서 태어난다. 아버지는 진사공 이식, 어머니는 정경부인 박씨이다. 태실이 좁직한 마당 한가운데 들어서 있고, 마당 가로는 사방으로 방이 둘러싸고 있으니, 거기서 몸을 풀던 퇴계 이황의 모친은 비명소리 하나 마음대로 내지를 못하였으리라! 태실 안 좁은 공간 속에서 이를 악물고 버텨내는 정경부인 박씨의 땀으로 얼룩진 얼굴이 떠오르지를 않는가?

태실 남쪽 처마 밑에는 '퇴계선생태실'이라는 현판이 붙어 있다. 살지고 둔중한 느낌이 드는 글씨이다. 남쪽의 조금 넓은 난간마루 위에 서 있는 두 개의 원형기둥은 나뭇결의 무늬가 뚜렷하고 아름답다.

태실이 ㅁ자 형상의 안마당 안쪽으로 돌출하여 있으므로, 안마당은 ㄷ자 형상의 좁은 공간으로 되어 버렸다. 좁은 안마당은 회칠이 되어 있었는데, 그래도 얼마쯤의 빛살이 비집고 들어오고 있었다. 처마 끝선을 타고 들어온 빛줄기가 안마당의 시멘트 위에 굴곡진 그늘을 만들어 주고 있었다.

안방에서 누군가가 잠들어 있는 듯하였다. 그분의 것인 듯, 마루로 오르는 섬돌 옆에는 아주 현대적 모습을 하고 있는 지팡이 하나가 기대어져 있다. 마루 위, 어둑한 그늘 속 시렁 위에는 작은 상들이 아홉 개나 올려져 있다.

조용히 나와 다시 노송정 앞, 종택의 바깥마당에 서 본다. 문간을 포함하여 남북으로 뻗은 지붕 위로 삼각형 모양의 지붕 옆구리가 두 개 솟구쳐 있다. 사랑채와 안채의 지붕이 동서로 뻗어서 남북으로 뻗은 지붕 선과 이어지고 있는 것이다. 그 두 개의 지붕의 고매기는 상당히 회화적으로 처리되어 있다. 담에서, 지붕에서, 벽에서, 가끔 만나게 되는 이런 뛰어난 미학은 나를 즐겁게 한다. 전혀 기대하지 않았던 데서 소박한 멋부림을 만나게 되었을 때, 그 즐거움은 어떤 무엇보다도 크게 마련이다.

사랑채의 고매기는 단순하고 질박하다. 삼각형의 아래 쪽으로 다섯 장의 숫기와를 길다란 직선의 점선처럼 늘어놓고, 그 위에는 암기와를 위가 볼록하도록 다섯 장, 그리고 그 위에는 네 장 박아서 처리하였다. 이와는 달리 안채 쪽 고매기는 공들인 느낌이 역력하다. 아래쪽에는 암기와 일곱 개를 아래가 볼록하도록 일정한 간격으로 늘어 놓았다. 그리고 두 번째 암기와와 여섯 번째 암기와 위에는 역시 깨진 기와를 이용해서 각각 한 그루씩 나무를 만들어 놓았다. 화분에 심겨진 나무의 형상처럼, 고매기 속에는 작은 두 그루의 나무가 살고 있는 것이다. 가지가 세 개씩 옆으로 벌어져 있고, 잎의 형상까지도 지어져 있다. 두 나무의 모습은 조금 다르지만, 표현방식은 거의 같다.

흙과 기와를 이용해 저렇게 소박하고 매력적인 미학을 완성시켜내고 있는 기와공은 누구일까? 그는 즐거움 가득한 인생을 살아간 사람일 것이라는 생각이 나를 사로잡는다. 기와 이는 일을 고역으로 생각하였다면 그 속에 저런 미학을 갖추어 놓지를 못하였을 터이니 말이다. 그러한 생각은 새삼 나의 삶을 돌아보게 하였다.

그런데 나는 이러한 기와공의 미학을 퇴계종택에서도 또 볼 수 있었다. 퇴계종택의 한쪽에 자리잡고 있는 추월한수정에서도 고매기는 놀라운 회화적 공간으로 사용되고 있었던 것이다.

8. 퇴계종택
— 추월한수정의 고매기

퇴계는 오늘도 흐르고 있다. 수량은 풍부하지 않지만 아주 끊어지지는 않으며, 물은 옥수는 아니지만 아주 더럽혀져 있지도 않다.

퇴계를 따라 길은 휘어진다. 1.5차선 정도의 비좁은 길이다.

퇴계와 퇴계를 따라 휘도는 비좁은 길이 처음 우리를 인도해 간 곳은 계상서당이 있던 자리이고, 옛날 퇴계가 집을 짓고 살았던 자리이다. 퇴계가 거주하였던 한서암이라는 집은 시내 남쪽에 빈 터로 남아있고, 계상서당은 시내 북쪽에 빈 터로 남아있다. 계상서당은 복원이 준비되고 있다고 한다.

"우리는 큰 것도 소용 없고, 그저 있던 그대로, 딱 그만하게만 되었으면 해요."

종가에서 만난 노종손의 말이다.(계상서당은 노종손의 말처럼 작은 집으로 복원되었다).

계상서당과 한서암은 현재의 종가와 멀리 떨어져 있는 것이 아니다. 그 빈 터가 보이는 자리에서는 퇴계종택이 한눈에 들어온다.

추월한수정은 종가로 들어가는 입구 쪽에 있는 건물이다. 닫혀있

뒤 울 쪽에서 본 추월한수정 지붕에 3각형의 고매기가 보인다.

는 정문 앞에는 '퇴계선생구택'이라는 안내판이 서 있다.

> ······ 1929년에 선생의 13대 사손 하정공이 사림 및 종중의 협조로 옛
> 종택 규모를 참작해서 지금의 터에 새로 지었다.

1715년에 처음 지어졌다는 추월한수정도 역시 종택과 같이 소실
되고, 1929년에 새로 지었다는 이야기라고 하겠다.

추월한수정과 종택의 역사에 대해서는 나의 책《퇴계선생과 도산
서원》을 참조하면 좋을 것이다.

자, 이제 우리는 추월한수정의 고매기 이야기로 들어가 보자. 처
음 그것은 나의 시선을 잡아끌지 못하였다. 종택을 밖에서 살피며
한바퀴 돌아서 뒷밭에 이르러서 담너머로 사당을 기웃거리다가 얼
핏 눈길을 돌렸을 때, 그 때 그것은 마치 준비하고 있었다는 듯 내
눈 속으로 파고 들었다. 그런데, 그 기가 막힌 미학이라니! 나는 잠

퇴계종택 전경

시 멍하지 않을 수 없었다. 그곳에는 온혜종택 고매기의 미학을 세 배쯤은 확실히 뛰어 넘는 기와공의 작품이 있었다.

추월한수정 고매기의 회화미는 세 부분으로 나누어 살펴볼 수 있다.

아랫부분을 보자.

가장 아래쪽에는 조각낸 수기와를 사용하여 사선으로, 횡선으로 두 줄을 만들었다. 그 위에는 수기와를 아래쪽이 볼록하게 하여 네 개 일선으로 늘어놓고, 또 그 위에는 수기와의 연결부분에 암기와를 세 개 엎어 놓았다. 이 간단한 배치는 그대로 집을 형상한다. 네 개의 수기와와 세 개의 암기와는 평면으로부터 조금 돌출되어 있기까지 하니, 그것이 처마를 상징한다는 것은 누구라도 쉽게 알아챌 수 있을 것이다. 그 아래쪽의 조각난 기와를 이용해서 두 줄로 늘어놓은 것은 담이나 벽을 상징하는 것이리라.

중간부분을 보자.

아래쪽에는 수기와를 두 줄로 늘어놓고, 그 위에는 암기와를 위가 볼록하게 두 개 엎어 놓았다. 그 위에는 수기와를 두 개씩 직선으로 두 줄 늘어놓았다. 이 형상이 무엇인지는 보는 사람마다 생각이 다를 것이다. 그러나 나는 구름을 의미하는 것이라고 보았다. 밑은 넓고 위는 좁으며, 뭉실뭉실 피어오르고 있는 구름이 지붕 위에 올라서 있는 것이다.

가장 윗부분은 기와와 흙이 만들어내고 있는 형상이 아니다. 그것은 삼각형 지붕의 위쪽 꼭지점 사이에 박혀있는 대들보의 끝부분,

구름 사이에 박혀있는 둥그런 원의 모습이다. 그 원이 해를 상징한다는 것을 어떻게 부정할 수 있겠는가?

그렇게 기와공은 추월한수정 옆지붕의 작은 삼각형 공간 속에 집과 구름과 해로 이루어져 있는 하나의 세상을 박아넣고 있는 것이다. 놀랍지 않은가?

9. 퇴계종택
― 매화, 또 매화

퇴계가 가장 매화를 좋아하였다는 것을 아는 사람은 다 안다. 퇴계가 이른바 자신의 기개 높은 친구들을 도산서원에 초청해 둔 '절우사'에도 매화는 그 중심에 자리하고 있다. 퇴계의 매화사랑, 퇴계가 매화와 맺고 있는 애틋한 정서는 그가 죽음에 임했을 때 자신의 초췌해지고 병든 육신을 '매형(매화형)'에게 보이고 싶지 않아서 평소에 가까이 두고 보았던 매화 화분을 치우라고 하였다는 일화에서 절정을 이룬다. 이쯤되면 매화는 하나의 나무가 아니라 퇴계의 마음 밑바닥에 자리잡은 사랑, 자신보다도 더 살뜰하게 여겨지는 지인의 위상을 차지하고 있는 것이 아니겠는가? 조선시대 선비 가운데 어느 누군들 매화사랑을 하지 않은 이가 있었겠는가마는, 퇴계의 매화사랑은 그만큼 더 철저하고, 그만큼 더 절절했다.

앞에서 나는 두루종택에서 온혜종택에 이르기까지, 진성이씨 일문의 사람들이 뚝향나무 기르기를 통하여 가문의식을 이어가고 있음을 이야기하였다. 그러나 그 뚝향나무에 대한 특별한 애착은 상계의 퇴계종택에까지 이어지지는 못한다. 거기 퇴계가 있고, 퇴계의 매화사랑은 그렇게도 절절하였기 때문이다. 그러므로 퇴계종택에 이르러서, 뚝향나무를 향했던 진성이씨 일문의 애착은, 대상을 바꾸어 매화를 지향하게 된다. 매화 또 매화 그리고 다시 매화! 퇴계종택은 지금 매화로 뒤덮여 가고 있다. 그 점에서 매화 외에도 다른 꽃과 나무를 많이 끌어들이고 있는 도산서원의 조경의식보다 퇴계종택의 조경의식은 한결 이념적이라고 하겠다.

종손이 기거하면서 손님을 받는 사랑채의 울 밖에도 작은 매화나무들이 일렬로 심어져 있고, 울 안에도 역시 그러하다. 밖에서 담을 타고 휘돌며 넘겨다 보았던 안채의 여기저기에도, 틈이 있기만 하면 매화나무는 여지없이 들어서 있다. 종택 울 밖 서북쪽 모서리에는 세 그루의 커다란 매화나무가 꽃을 떨구고 앙상한 가지만으로 버티고 서 있다. 너무 큰 것이라서, 잠시 그것이 과연 매화나무인지 의심할 정도였다. 그리고 그 매화나무와 사당 사이의 밭, 50평은 되어 보이는 공간은 온전히 매화나무 밭으로 가꾸어지고 있었다. 매화나무들은 둥치가 땅의 표면 어림에서 잘리우고, 잔가지들이 둘씩 셋씩

솟아 있었다. 수형을 바로잡고 있는 모양이었다.

매화를 통해 퇴계 이어가기를 꿈 꾸고 있는 퇴계종택의 사람들. 그들의 생각과 노력이 손에 잡힐 듯이 느껴져서 아주 기분이 좋았다. 매화 같은 것에서조차 조상의 유덕 잇기를 염두에 두고 노력하는 사람들이 삶을 통해 조상의 이름 더럽히지 않기에는 어찌 열심이지 않겠는가?(퇴계종택 옆에 퇴계 기념공원이 들어서는 바람에 매화 나무들은 그 위쪽으로 옮겨 심어졌다.)

10. 퇴계종택
― 뒷담의 쪽문과 뒤울의 3단화단

오래된 옛집이 비어있을 때는 그보다 황량한 기분을 느끼게 하는 것이 없다. 그러나 오래된 옛집이 거기 사는 사람의 손길과 숨결을 느끼게 할 때는 그보다 즐거운 기분을 선사하는 것이 또 없다. 옛

퇴계종택 후원에서 담밖 텃밭으로 통하는 문

퇴계종택 후원

집은 주인의 손길을 통하여 비로소 아름답고 기품있는 삶의 터전으로 제 모습을 드러내는 것이다.

퇴계종택은 집과 집 주변에 애정을 가지고 돌아보고 관리하는 사람의 손길을 느낄 수 있어서 좋았다.

퇴계종택의 뒷담은 나직하다. 채 가슴에 차지도 않는다. 흙벽 위에 기와를 얹은 나지막한 담, 그 담은 남다른 구석이라고는 눈을 씻고 보아도 없지만, 중앙쯤에 직사각형의 작은 문을 달고 있어서 단숨에 천상의 미학으로 질적 변모를 이루어낸다. 어디서 이런 담을 쉽게 볼 수 있으랴! 주저앉아서 움직여야 마른 몸 하나가 겨우 빠져나올 수 있는 크기로 합판이 나무쪽에 달려 붙여져 있고, 안에서 여닫게 되어 있다. 뒷밭으로 쉽고 빠르게 드나들고자 하는 주인의 의도를 알게 하는 문인데, 뒷밭은 바로 매화밭이니, 매화에 대한 주인의 애정을 이 문을 통해서도 가늠해 볼 수 있다고 하겠다.

뒷담을 보고 돌아나오다가 얼핏 넘겨다 본 안채 뒤울의 모습도 환상적이었다. 안채 영역의 끝에는 폭 좁은 도랑이 돌아가며 있고, 물이 자작자작하게 고인 도랑에는 미나리가 파랗게 숲을 이루고 있다. 도랑 위쪽으로는 2단의 석축이 마련되어 있고, 그 위로 담이 버티고 섰다. 2단의 석축 위에는 아래쪽에도 위쪽에도 꽃나무들이 심어져 있다. 매화는 중간에서 몇 개의 꽃잎을 매달고 있고, 개나리는 동쪽 한 끝을 차지하고 앉아 세상을 온통 싯누런 빛으로 물들여버려야 직성이 풀릴 듯한 기세이다. 바닥을 기며 자줏빛 색깔을 흩어놓고 있는 것은 꽃잔디이고, 뒷담 발치로 바짝 붙어서 무수한 손가락을 펼치듯 푸른 잎을 넌출지게 내뻗고 있는 것은 상사화란다.

11. 퇴계종택
― 홍살문(정문)을 통과하여

다시 퇴계종택 바깥 마당에 섰다. 크고 작고, 높고 낮은 기와 지붕들의 조화가 기묘한 화음으로 다가온다. 저렇게 한옥 지붕들이 모여 이루고 있는 놀라운 조화와 정감적인 미학을 능가하는 아름다움을 우리 주변의 어디에서 또 볼 수 있겠는가? 길 쪽에서 보면 벽과 담의 빛과 지붕의 검은 색은 아직 신록이라서 흙빛깔을 품고 있는 주

퇴계종택(추월한수정과 사당의 지붕들이 어울려 있다.)

변 산과 들 속으로 스며들고 있는 듯한 느낌이다. 그러나 앞에서 보
면 흙빛깔은 사라지고 흰 빛깔이 살아온다.

　'백회를 칠하였는가?'

　나는 그런 생각을 하였다. 그러나 자세히 살펴보니 그런 것은 아
니었다. 사랑채의 바깥쪽 벽과, 추월한수정의 바깥 벽에 하얀 한지
를 붙여놓은 것이었다.

　"흙이 자꾸 떨이져서 종이를 발랐어요."

나중에 사랑채 마루에서 만난 90수를 넘겼다는 종손은 그렇게 말하였다. 외벽에 한지를 바르는 것은 하회 서애종택의 충효당 정면 벽에서도 보았으니, 일종의 일반성을 얻고 있는 처방인 모양이었다.

　그런데, 노 종손을 만나러 안으로 들어가다가 나는 멈칫 하지 않을 수 없었다. 대문이 지나치게 높다는 생각이 들었기 때문이다. 이집에 한두 번 들른 것도 아닌데, 이제서야 그런 생각이 드는 것이 놀랍기조차 하였다. 위를 올려다보니 여느 집의 대문과는 확연히 달랐다. 높은 대문 위쪽에는 홍살문의 모습이 역력하였고, 홍살문 위로 대문의 기와지붕이 올라붙어 있다. 홍살문에는 밝고 연한 갈색의 현판까지 붙어 있다. '열녀 통덕랑 행 사온서 직장 이안도 처 공인 안동권씨지려' 현판에 판각되어 있는 글씨이다.

　"대문이 그대로 정문(홍살문)이네요?"

　사랑 바깥마루에 나와 앉아있는 노 종손을 향하여 나는 대뜸 그질문부터 하였다.

　"13대 조모 정문이지요."

노 종손은 기다렸다는 듯이 입을 열었다.

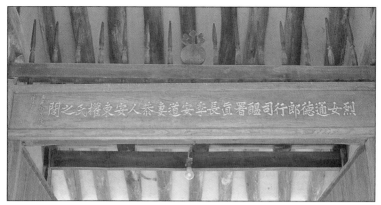
퇴계종택 홍살문

    13대 조부가 '안자' '도자' 쓰신 분인데, 숙종대왕이 '공문(孔門)의 자사(子思)'라고 칭했던 어른이지요. 그 어른이 일찍 돌아가시고, 배위 (配位)되시는 분과 네 따님만 남아서, 급문 제자분들과 가문 어른들이 후사 걱정이 컸지요. 그래 논의 끝에 셋째 집의 맏분을 양자로 정했어 요. 그 뒤 임란 팔년 풍진을 겪고— '청량'에 '생이골'이라는 곳이 있어 요. '이가'가 피난해서 살아나왔다고 해서 '생이골'이지요. 난리 때도 가문이 다 보존됐어요. 양자 나이 열셋에 급문제자의 제자분인 부용당 (성안의)의 따님을 며느리로 맞으셨어요. 제자분들과 신행 온 사람들 이 돌아가려고 하니까 안에서 그분들에게 '3일 입조'하는 걸 보고 가는 게 좋겠다는 전갈을 하였어요. 3일 되던 날 열쇠를 반에 받쳐서 며느님 에게 내주고, 향탕에 목욕하고, 소복 갈아입고, 초석 펴고, 대야에 물 한 바가지 띠다 놓고, 피를 토하고 돌아가셨어요. 나라에서 특별히 정 려를 내리셨지요. 원래부터 정려각이 대문에 붙어 있었어요. 며느리 볼 때까지 기다렸다가 돌아가신 것이지요.

90세를 넘겼다는 노 종손의 말에는 자랑스러움이 가득하였다.

자랑스런 마음이야말로 종가문화를 떠받드는 기둥이다. 종가는 조선시대 지방문화의 소산이고, 오래된 집과 그 집 사이에 펼쳐진 터전을 중심으로 하며, 그것들 속에서 혈족의 자랑감을 지켜나가고 키워나가는 의식을 전제로 한다. 전통적 삶살이 방식이 만들어낸 그러한 문화는 적어도 20세기 이전의 우리 역사 속에서는 어떤 무엇으로도 뒤덮을 수 없는 광채를 지녔다.

그러나 20세기의 우리 삶은 달라졌다. 특히 20세기의 후반에 이르러 우리가 받아들인 삶의 문법은 도회적이며, 큰 집과 그 사이에 펼쳐진 터전과는 친화하기 어려운 것이었음을 부인할 사람은 없다. 큰 집과 그 사이에 펼쳐진 터전을 지키고자 한다면, 우리는 시대적 삶을 상당부분 포기하지 않으면 안 된다. 그것이 어디 쉬운 일이겠는가?

그럼에도 우리 주변에 아직도 종가가 여전히 기능하고 있는 것은 놀라운 일이다. 두루종택, 온혜종택, 퇴계종택 — 진성이씨 일문이 현재까지 유지하고 있는 종택만을 보더라도 수를 헤아릴 수 없이 많다. 분명히 불편하고 비경제적인 일임에도 불구하고, 이 일문의 사람들이 이제까지 종택을 유지해 왔고, 앞으로도 유지해 나가게 하는 힘은 무엇인가? 그것은 혈족, 또는 가문에 대한 자랑감 때문이라 할 수 있다.

자랑감은 그것이 자기 과시의 현시욕을 적절하게 눌러앉힐 수 있기만 하다면 스스로를 위대하게 하는 열쇠일 수 있다. 자부심은 스스로가 천민화되는 것을 참아낼 수 없게 하기 때문이다. 대중시대라고 해서 우리가 의미와 가치를 만들어내고, 스스로의 품격을 고양시키는 데 눈 감을 필요는 없는 일이다. 가문을 중심에 두고 혈족적 삶을 살아나가는 데서도, 신분 차원에서 귀족지향성을 취할 필요는 없는 일이지만, 의식과 정신의 영역에서 고상해지기를 꿈꾸는 것은 장려할 만한 일이다.

뚝향나무와 매화와 고매기와 정려문 등을 의식의 중심에 받아들이고, 그러한 상징 속에 깃들어 있는 위대한 가문의식을 계속 이어나가기를 소망하는 사람들, 우리가 진성이씨 일문의 종가들에서 만날 수 있는 것은 바로 그런 사람들이다.

Ⅱ. 의성김씨 가문의 종가들

1. 내앞을 가다

"안동의 대 문벌을 이야기할 때 안동사람들은 하회와 내앞을 비교해서 말하는 경향이 있습니다. '하류청청이요, 천김쟁쟁'이라고 하지요."

내앞의 청계공 종가에서 만난 김명균 씨의 말이다.

종가에 종손은 없었다. 종손 김창균 씨는 직장 때문에 집을 비우고 있었고, 집은 창균 씨의 아우 명균 씨와, 명균 씨의 아우 승균 씨가 지키고 있을 뿐이었다. 명균 씨는 안동대학교 국문학과에 강사로 출강하고 있으며, 승균 씨는 안동대학교 한문학과 대학원에 적을 두고 있다고 하였다. 그 두 사람도 강의와 공부 때문에 여기 혼자 머물고 있을 뿐, 살림을 종가에서 하고 있는 것 같지는 않았다. 그러니 종가에 사람이 살고 있기는 하여도, 실제로는 종가가 비어 있다고

하는 것이 옳을 듯 싶었다.

깨끗한 용모의 김명균 씨는 종가에 대한 넘치는 자부심을 애써 감추고 있는 것 같았다. 그는 종손인 형님을 대신해서 말하는 것을 부담스러워 하면서도, 혹시라도 가문의 일이 잘못 활자화하면 큰일이라는 듯이, 세세하게 신경을 써서 설명해 주는 것을 마다하지 않았다.

'하류청청, 천김쟁쟁'!

나는 그 말을 비단 김명균 씨에게서만 들은 것은 아니다. 전에도 두어 번 그런 말을 들은 기억이 있다. 그러나 그 말이 의미하는 바에는 별 신경을 쓰지 않았다. 그 말은 다만 하회유씨와 내앞김씨가 그만큼 안동을 대표하는 명문이고, 서로 경쟁적 관계로 오래 살아온 역사를 갖는다는 점을 의미한다는 생각을 하였을 뿐이다. 그러나 김명균 씨는 내게 그 말이 두 가문이 갖는 어떤 속성을 의미한다는 점을 알려 주었다.

"불의와 타협하지 않는 가풍은 청계 선조의 가르침으로부터 시작되었습니다."

백운정과 강건너 내앞전경

김명균 씨는 '천김쟁쟁'의 '쟁쟁'이 '불의와 타협하지 않는 꼿꼿함'을 뜻하는 것으로 전제하고 있었다. 그 말을 들으며, 그렇다면 '하류청청'의 '청청'은 무슨 의미일까 하는 생각이 내 머리 속에 떠올랐지만, 웬지 그 의미를 김명균 씨에게 듣는 것은 적절치 않은 듯해서, 그 점을 굳이 물어보지는 않았다. '천김쟁쟁'이라는 말의 의미를 내앞 의성김씨의 김명균 씨에게 들었듯이 '하류청청'이라는 말의 의미도 하회의 풍산유씨 누군가에게 듣는 것이 적절할 것이리라는 생각에서였다.

내앞! 임하댐에서 흘러내리는 물이 그 아래쪽의 조정지 댐에서 차단되어 수량 풍부하게 모여있고, 물가에 북쪽으로 면하여 펼쳐져 있는 들판의 한쪽 끝, 야트막한 산의 남쪽 기슭에 마을이 자리잡고 있는 곳이다. 마을의 터전은 넓고, 마을의 호수는 많다. 마을은 임동쪽으로 나가는 길을 사이에 두고 둘로 나누어진다. 중심은 서쪽에 있다. 서쪽에는 마을이 산 아래쪽의 평탄면을 따라 넓게 펼쳐져 있고, 동쪽에는 산기슭을 따라가며 거의 일선으로 늘어서 있다.

종가는 서쪽 부분의 마을 속에 있고, 그 가운데서도 서쪽 끝으로 자리잡고 있다. 종가의 동쪽으로 둘째 집의 종가가 위치하고 있고, 그 동쪽으로 여러 대소가가 터를 잡으며 마을을 확장시켜 낸 것이라고 하겠는데, 이른바 보는 이의 편에서 볼 때 좌측을 우선시 하였던 동양적인 방향관념이 마을 구성의 원칙으로 작용한 것이 아닌가 하는 생각이 들기조차 한다. 물론 종가가 분지의 서쪽 끝쯤을 차지하고 있으므로, 마을이 확장되어 나갈 수 있는 방향은 자연히 동쪽이었을 터이지만, 그러한 지리적인 요인만이 마을 확장의 방향을 규정하는 것이었을까 하는 것은 의문이 아닐 수 없다.

우리가 종가의 입구 쪽에 이르렀을 때, 그 바깥마당으로 막 여러 명의 남자들이 나오고 있었다. 그들은 노년층에 속한 연배의 사람들이었는데, 바깥마당에서 잠시 지체하였으므로, 우리는 멀리서 그들이 나오기를 기다렸다. 종가의 바깥마당과 그 바깥쪽에 가로로 뻗은 마을길 사이에는 10여 미터의 간격이 있는데, 대문으로부터 일직선으로 상당한 넓이의 길이 뻗어나와 마을 길과 연결된다. 그러므로 종가는 아주 깊숙히 들어앉아 있다는 느낌을 주었다. 여러 사람의 남자 노인들은 흰옷을 입은 사람과 작별하고 그 일직선의 길을 걸어서 마을길 쪽으로 나왔다. 그들이 나온 다음에야 우리는 종가로 천천히 들어갔다. 우리가 거기에서 만난 사람은 바로 그 흰옷을 입은 사람, 김명균 씨였다.

2. 의성김씨의 역사
── 내앞시대 이전

의성김씨는 김석을 시조로 한다.

　　의성군. 신라 대보공(김알지)의 29세 손. 경순왕의 넷째 아들. 경순
왕은 고려에 나라를 양도.…… (넷째 아들은 고려 태조로부터) 의성을
봉지로 받음. 자손들은 이것을 본관으로 삼음.

《의성김씨 청계공 종파보》(이하《종파보》)의 기록이다.

　이 기록은 따져보면 명확하지가 않다. 시조 김석이 의성을 봉지로
받았다는 점은 분명한 것이라고 하더라도, 의성을 본관으로 처음 쓰
기 시작한 것도 김석으로부터인지, 아니면 뒤에 누군가가 김석 계열
을 의성김씨로 쓰게 된 것인지가 불분명한 것이다. 물론 이러한 문
제는 의성김씨에게서만 드러나는 것이 아니라, 여러 성씨에게서 다
동일하게 나타나는 것이라고 하겠다.

　내가 보기에 의성을 본관으로 하고, 의성김씨의 확실한 역사를 만
들어 나가기 시작한 것은 5세(1992년에 간행된《대동보》에는 9세) 용
비 때의 일이라고 생각된다. 시조로부터 4세까지의 역사는 불분명
하고, 너무 단순하기 때문이다.

의성김씨 5세인 외성군 김용비 묘소

김석의 아들인 2세 일은 내사령, 평장사라는 간단한 기록만이《종파보》에 보인다. 3세 홍술의 경우에는 몇 줄의 기록이 나타나나, 확실한 내용을 갖는 것이 아니다. 여기 기록은 실제로 3세 홍술에 대한 것이 아니라, 시조로부터 3대의 역사가 정확하지 않다는 점을 분명히 하는 것에 지나지 않는다. 4세는 공우(경자보 가운데 하나에는 홍술이 빠지고 국, 경진, 언미, 습광 등 4대가 있다고 하며,《만성보》에는 공우 위에 4대를 첨가하고 있다고 한다. 그것은 의성김씨의 여러 족보들의 상계가 불분명함을 반영한다.《대동보》는 아마도 이런 상계를 정리하면서, 이본들에서 언급되는 세계(世系)를 다 포함시켜서 계통을 만들어 낸 것이 아닌가 여겨진다. 그러나《종파보》는 '착오가 두려워 세계 속에 편입시키지 않는다' 는 태도를 취하고 있다. 여기서는 구보인《종파보》를 바탕으로 하여 말하고자 한다. 따라서 여기서 말하는 세계는 신보와는 4대의 차이가 남을 감안해야 할 것이다)이다. 금오위 별장을 지냈다. 5

세 용비는 어느 만큼 풍부한 기록을 갖추고 있다.

> 고려 금자광록대부, 태자첨사, 의성군. 부인은 영동정 강후주의 여
> 식. 묘는 의성 오토산에 진 방향으로 있다. 읍인은 백성에게 큰 공덕을
> 베풀었으므로 사당을 건립하여 제사지냈으니, 사당을 진민사라고 한
> 다.…… 부여에서 간행된 족보에는 고려 명종 시대에 정승이 되시고 추
> 성보절공신으로 의성군을 봉작으로 받았다고 하였다.

《종파보》는 5세 용비로부터 제대로의 모습을 갖추어낸다. 부인과
묘지에 대한 기술도 나타나고, 형제와 자식들에 대한 기록, 사위에
대한 기록까지 나타나는 것이다. 그것은 이때부터 가첩이든 무엇이
든 가문의 역사를 소략하게라도 담아내는 기록이 전해지기 시작한
다는 점을 의미한다. 그리고 이 5세 김용비에게서 우리는 시조 김석
이 받았던 것과 똑같은 봉작, 의성군의 칭호가 나타나는 것을 확인
할 수 있다.

용비의 두 아우는 용필과 용주인데, 용주 계열은 개성김씨가 되었
다가 고종시대에 다시 의성으로 편입되었다고 한다.

5세 김용비의 아들은 의이다.

> 정헌대부 감문위 상호군이다. 아들 기지가 귀해짐으로 은청광록대부
> 병부상서 좌복야에 추봉되었다. 부인은 진천송씨이다. ……묘는 고령

군에 있다.

김의는 인지, 서지, 춘, 기지 등의 네 아들을 둔다. 내앞의 의성김씨는 서지 계열에 속한다.

김의의 둘째 아들인 서지는 조현대부 내영고 소윤이며, 부인은 장사유씨이다.

감악산에 제사지내러 가시다가 장단진에서 파선하여 돌아오지 못하셨다. 《고려사》에는 충렬왕 29년 계묘년(1303년)에 홍안도호부사라는 기록이 보인다. 청렴하고 정직한 것으로 유명하였다. 배도가 왕의 총회와 짜고 공을 모함하여 파직되었으나, 나중에 발각되어 일당이 주살됨으로써 분을 풀었고, 경상관찰사가 되셨다.

《종파보》의 기록이다.

김서지는 인회, 태권 두 아들을 두었다. 내앞의 의성김씨는 둘째, 태권 계열에 속한다.

봉익대부 문예부 좌사윤이다. 공민왕 12년 계묘년(1363년)…… 김용의 변란에 해를 입으셨다. 부인은 안동김씨로 판관 승고의 따님이고, 상락군 김방경의 증손이다. 후 부인은 죽산박씨이니…… 묘는 용인군에…… 있다.

《종파보》의 김태권에 대한 기록이다. 김태권은 거두, 거익 두 아들을 두었다.

김거두는 내앞 계열 의성김씨의 삶에서 중요한 의미를 갖는 인물이다. 이 사람에 의해서 안동으로 입향이 이루어지기 때문이다.

봉익대부 공조전서이다. 고려 말에 안동의 풍산현에 옮겨 살기 시작하였다. 부인은 문화유씨이고,…… 묘는 안동 남선면…… 에 있다.

김거두가 풍산으로 옮겨와 살게 된 것은 외가가 풍산이었던 탓이라고 할 수 있을 것이다.

"고려말에 상대 조상 두 어른이 개성에서 낙남하셨는데, 형님 되시는 분은 휘가 거자 두자인데 영남으로 오셨고, 아우 되시는 분은 휘가 거자 익자인데 호남으로 내려가셨지요. 호남으로 내려간 분의 일파는 거의 부여 일대에 자리잡고 산다고 하는데, 종가가 유지되는지 어떤지는 잘 모르겠어요."

김명균 씨의 말이다.

김거두의 아들은 천인데, 풍산에서 안동성 밖의 방적동으로 삶터를 옮긴 사람이다.

공민왕 11년 임인년(1362년) 출생. 정략장군 진예도 도만호. 국운이 다하는 것을 한탄하며 안동성 밖으로 이주하여 마을 이름을 '방적'이라 하시니 '나라가 혁명됨에 내가 어찌 가서 귀의할 것인가(?)' 라는 말의 뜻을 취한 것이다.…… 묘는 안동 와룡면…… 에 있으며, 부인은 홍주이씨이다.

《종파보》의 기록이다.

지금의 안동시 율세동이다.…… 방적동인데, 음이 간편화되어 밤자골로 된 것을 뜻을 취해서 (다시 한자로) 율세동이라고 하였다고 하나 정확하지 않다.

《종파보》의 서문에서 전 종손 김시우 씨가 적어두고 있는 말이다.

김천은 영수, 영명 등 두 아들을 두었다. 내앞의 의성김씨들은 영명 계열에 속한다.

《종파보》의 기술양식에서 우리가 눈여겨보아야 하는 것 가운데 하나는 김천의 둘째 아들, 그러니까 의성김씨 세계에서 11세인 김영명으로부터 자를 기록하고 중국식 연호로 생졸년을 표시하기 시작한다는 점이다.

그리고 그 아랫대로부터 호를 적는 문화가 나타나기도 한다. 김영명의 일생이 조선왕조의 창업 이후 시기에 놓여지는 것을 통하여 본

의성김씨 11세인 김영명의 묘소

다면, 이것은 조선왕조의 출범과 더불어 중국식 삶살이 방식이 더 철저하게 추구되기 시작한 것과 관계있는 것이라고 할 수 있을 터이다. 그리고 이때부터 처를 부인이라고 표기하던 것을 바꾸어 배위로 표기하는 것도 눈길을 끄는데, 그것이 어떤 문화를 반영하는 것인지는 나로서는 알 수 없다.

> 자가 극배인데, 홍무 무인년(1398년)에 출생하여 천순 계미년(1463년)에 타계하였다.…… 조봉대부 신령현감을 지냈다. 묘는 안동시 운안동에 있다.

김영명에 대한 기록이다.

그는 삼취를 하였는데 배위는 광주이씨, 광산김씨, 안동권씨이다. 김영명은 4남 4녀를 두었다. 아들은 한계, 한철, 한석, 한동이다.

김한계는 자가 형운이고, 호가 휴계이다.

"영락 갑오년(1414년)에 출생하여 천순 신사년(1461년)에 타계하였다. 선덕 을묘년(1435년) 진사이니 하위지와 동방이고, 정통 무오년(1438년) 문과 출신이니 성삼문과 동방이다. 3사를 역임하고 통훈대부 집현전 승문원사를 지냈다. 세조가 정란을 일으킴에 병을 칭하고 귀향하여 출사하지 않았다."

김한계의 묘는 와룡에 있으며, 배위는 덕산송씨이고, 후 배위는 순흥안씨이다.

김한계의 아들은 만근, 만신, 만흠이다.

김만근은 자가 신경이고, 호가 망계이다. 그는 1446년에서 1500년 사이를 살았으며, 1477년에 진사시에 합격하였다. 증손인 성일이 영달하여 귀하게 됨에 좌통례에 증직되었다. 배위는 해주오씨이고, 묘는 임하에 있다.

그는 임하의 내앞에 처음 이주해 살기 시작한 사람이다.

김만근은 3남 2녀를 두었는데, 아들은 인범, 예범, 지범이다. 현재의 내앞 종가를 유지하고 있는 청계공 계열은 둘째, 예범에게 연결된다.

김예범은 자가 국헌이다. 1479년에 나서 1540년에 타계하였으며, 손자 성일이 영달하여 귀하게 되자 통정대부 승정원 좌승지에 증직되었다. 배위는 숙부인 영해신씨이고, 묘는 천전, 즉 내앞에 있다.

김예범은 3남 2녀를 두었는데, 큰아들이 청계공 김진이다.

3. 의성김씨의 역사
― 내앞시대

위에서 살펴보았듯이, 엄밀하게 말해서 의성김씨의 내앞시대는 13세 김만근 때부터이다. 따라서 지금 내앞의 대종가는 비록 김만근의 종가라고 할 수는 없을지라도, 그의 둘째 아들이면서 청계공 김진의 아버지인 14세 김예범의 종가라고 부르는 것이 타당할 것이다. 그러나 우리는 흔히 내앞의 대종가를 청계공 종가라고 하고, 김예범 계열의 의성김씨들을 청계공파라는 이름으로 부른다.《종파보》에 적혀있듯이 청계공 김진이 '씨족 중흥의 큰 조상'으로 받아들여지기 때문이다. 그러므로 의성김씨의 내앞시대는 청계공 김진으로부터 본격적으로 열린다고 할 수 있을 것이다. 청계공 김진은 누구인가?

자가 형중이고, 호가 청계이다.《종파보》의 기록이다.

청계공 영정

부친께서는 홍치 13년 경신년(1500년) 2월 초 3일 정해일에 출생하여 만력 8년 경신년(1580년) 윤 4월 23일 신유일에 타계하셨고, 이 해 7월 29일 갑신일에 장례를 지냈으니, 향년이 81세였다. 좌의정 여흥 민제의 5대 손인 병절교위 세경의 여식을 아내로 맞았는데, 부친보다 34년 앞서서 타계하셨다.…… 부친은 태어나면서부터 재능이 뛰어났고, 용모가 출중하였다. 나의 증조부이신 진사공(김만근)께서 보시고는 기특하게 여겨 작을 소자를 가지고 문회를 열게 하면서 '이 아이는 반드시 우리 가문을 중흥시킬 것이고, 그 식견으로 이름을 날릴 것이다' 라 하셨다. 16살에 처음으로 큰고모부인 청도 권간 공을 스승으로 섬겨 시와 예를 배웠는데, 권공은 가문의 예법을 깊이 닦아 사람을 가르치는 것이 법도가 있었으며, 그 부추기고 인도하는 것이 효도하고 공경하는 도리가 아닌 것이 없었다. 부친께서는 자기를 비우고 겸손하게 받아들여서 마음으로 복종하여 힘써 행하지 않는 것이 하나도 없었다. 몇 년이 지나자 공부가 크게 진보하여 사람들이 놀라워할 정도였다. 외조부께서 그 뜻과 행동을 살피시고 사위로 선택하셨다. 외조부의 아우님은 현량과를 거친 세정공이신데, 기묘년에 해침을 당한 이름높은 유학자셨다. 부군께서는 또 그 분을 따라 배우셨으니, 당세의 여러 군자들의 학문의 단서를 섭력하셨다고 하겠다. 이로써 견문이 날로 넓어졌고, 문예 역시 통달하게 되셨다. 을유년에 사마시에 합격하시고, 성균관에 유학하셨는데, 하서 김인후와 돈독한 우의를 다졌고, 당시의 명사들과 널리 교유하셨다.…… 일찍이 과거 공부를 폐하고 부암(부암은 옛날 중국의

청기 전경

부설이 집을 지었던 땅인데, 그 뜻을 취해 이름지은 모양이다)에 집을 짓고 가문을 이끌고 사셨으며, 조석으로 부모님이 계신 곳에 가서 문안을 드렸는데, 강을 건너 왕래하면서도 아무리 비가 오고 바람이 몰아치더라도 그만두지 않으셨다. 혹시 타지에 갔다 오는 경우가 있으시더라도 돌아오면 반드시 먼저 부모가 계신 곳에 들른 연후에 물러나오셨다. 항상 가세가 빈한하여 제대로 봉양할 수 없음을 한탄하셨으며, 비록 콩물이나 나물죽이 있더라도 먼저 부모님께 보내셨으며, 심부름하는 사람이 돌아와 '올렸습니다'라고 말하면 기뻐하셨다. 부암 곁에는 서당한 칸을 지어서 자제들과 마을의 어둑한 선비들을 모았는데, 학령을 세우고 과정을 엄히 하셨다.

학봉 김성일이 지은 그의 아버지 김진의 〈행장〉 속의 일절이다.

김성일에 따르면 김진은 조상들에게 지내는 제사를 중히 여겼으며, 무속을 극히 혐오하였다고 한다.

일찍이 세상 사람들이 무속을 숭상하는 것을 싫어하여 집안에 모시는 것이 있으면 배척하여 마치 오물을 보듯이 하셨다. 당시의 크고 작은 무당들은 부친의 이름을 들으면 두려움에 떨지 않는 사람이 없어서, 부친이 사시는 곳에는 들이오는 법이 없었다. 신당이 현의 남산 높은 곳에 있었는데, 사람들 사이에 고려 염흥방이 그 신이라는 말이 전해져왔다. 무당들은 그것에 의지하여 요사스러운 짓을 일삼아서 풍속을 해치는 것이 날로 심하여졌다. 하루는 부친이 그 죄를 조목조목 따져 말하셨다. '너는 전 왕조의 커다란 간신으로 죽음으로도 죄를 다 씻지 못하여서 하늘과 땅이 용납할 수 없을 정도이다. 그 신기는 이미 죽고 그 귀신은 이미 신령하지 않은데 어찌 높은 데 자리잡고 아래를 내려다보며 우리 백성들을 미혹시킨단 말인가?' (부친께서는) 즉시 신당을 파괴하게 하셨다.

내앞의 의성김씨들에게 청계공 김진은 무엇보다도 가문의 살림살이를 번창하게 한 중흥조로 받아들여진다.

"성균관에서 공부하시다가 집안에 우환이 생기고, 돌보아야 할 자제분들이 있어서, 급거 돌아오셔서 집안을 돌보기 시작하셨습니다."

김명균 씨의 말이다.

"그래서 당시 영남 일대에서 최고 수준의 부를 누리실 수 있었던 것이지요."

청계공 김진이 경제 문제에 특별한 관심을 갖고 있었다는 것은 〈행장〉을 통해서도 확인된다.

만년에 영해의 청기현에 가셨다가, 그 산골짝이 깊고 넓은 것이 마음에 들고, 밭 갈고 고기 잡는 즐거움이 있어서 집을 옮겨 살면서 항상 가노들에게 농사와 잠업을 권장하는 것을 소일거리로 삼으셨다. 곡식을 추수한 것이 많더라도 축적하여 두지 않고 자손이나 친족 가운데 가난한 자에게 나누어 주셨다. 여러 자식들이 혹시 노년에 근로하는 것이 무리라고 간하기라도 하면 '농사 짓는 것은 백성된 자가 해야 할 일이니. 백성이 농사 짓는 일을 소홀히 한다면 백성으로서 책무를 버리는 것이다. 하물며 제사에 쓰는 제물과 처자를 기르는 곡물이 다 여기서 나오는데 어찌 농사를 소홀히 할 수 있는 것이겠는가' 하셨다.

이렇게 청계공 김진은 경제를 중시하였던 것이다.
　물론 청계공 김진은 오직 경제에만 신경을 썼던 것은 아니다.

　"집안 경영 가운데 가장 주력하였던 것은 5형제 분의 교육이었지요. 늘 '의롭게 살다 죽으면 나는 너희들이 살아있는 것으로 알겠다. 비굴하게 산다면 살아도 죽은 것으로 알겠다' 라고 가르치셨다고 합니다."

김명균 씨의 말이다.
　김진의 이런 훈도는 그 아드님들이 훌륭하게 자라나는 데 기본이 되었다.
　김진은 다섯 아들을 두었다.

사빈서원

아들 극일은 가정 병오년에 문과로 등과하였다. 전 밀양부사이다. 둘째 수일은 을묘 생원이다. 셋째 명일은 갑자 생원인데 일찍 죽었다. 넷째 성일은 융경 무신년에 문과로 등과하였다는데 의정부 사인 벼슬에 있다. 다섯째 복일은 경오년에 문과로 등과하였는데, 형조 좌랑이다.

〈행장〉의 기록이다. 이 기록을 통해서 볼 때, 김진의 다섯 아들은 모두 생원 이상의 시험에 통과하고 있는 모습을 보여주며, 그 가운데 셋은 문과 급제를 하고 있는 것을 알 수 있다. 형제들이 이렇게 한꺼번에 영달하는 경우는 쉽지 않다. 그리고 조선시대에서는 문과 출신자를 배출한다는 것은 그 개인의 영달뿐만 아니라 가문의 영달이라할 수 있었다. 그것은 가볍지 않은 사회적 의미를 갖는 일이었다는 말이다. 그러므로 내앞의 의성김씨가 김명균 씨가 말하듯이 이른바 '영남 최고'의 명문으로 등장하는 것은 청계공 김진의 경제적 성공으로부터 기인하는 것이라고 하기보다 그 자식교육의 성공에서 말미암은 것이라고 하겠다.

　　사빈서원에서 5현자와 더불어 향사한다."

《종파보》의 기록이다.

　　사빈서원은 내앞에서 임하댐 쪽으로 더 나아가 다리를 건너면 만나게 되는 마을, 임하면 임하리 마을 깊숙한 곳에 자리잡고 있다. 오늘날 사빈서원은 경북문화재 자료 39호로 지정되어 있다.

　　김진의 큰아들 극일은 자가 백순이고, 호가 약봉이다. 그는 가정 임오년(1522년)에 탄생하여 만력 을유년(1585년)에 타계하였다. 퇴계 이황에게 배웠으며, 가정 병오년에 문과 급제를 하고, 관은 내자시정에 이르렀다. 배위는 숙인 수안이씨이다. 극일로부터 복일까지, 5형제는 모두 퇴계 이황으로부터 배웠다. 극일은 아우 수일의 아들 철을 양자로 들였다. 이것은 《종파보》에서 보이는 최초의 양자 기록이다. 우리나라의 양자문화사를 탐구할 때 그 상한을 설정하는 자료가 될 수 있는 것이 아닌가 생각된다.

　　김철은 자가 심원이고, 호가 대박이다. 사빈서원 옆에 있는 송석재사의 주인공이 바로 이분이다. 그는 화왕산성에서 의병으로 적을 섬

멸하였다고 한다. 배위는 선산김씨이다. 김철의 큰아들은 시온이다.

김시온은 자가 이승이고, 호가 표은이다. 만력 무술년(1558년)에 출생하여 현종 기유년(1669년)에 타계하였다. 명나라 멸망 이후에는 조선의 임금을 통하여 연대를 표시하는 사례가 여러 족보에서 나타나는데, 여기 의성김씨의 《종파보》에서도 역시 그러하다. 이 점도 눈여겨볼 만한 사료라고 하겠다.

병자호란 후 와룡산에 은거하여 여러 번 참봉을 제수하였으나 일어나지 않았고, 기유년 유언으로 묘도비의 제명을 '숭정처사의 묘'라고 하였다.

《종파보》의 기록이다.

김시온의 배위는 풍산김씨이고, 후 배위는 영양남씨이다. 김시온의 큰아들은 방렬이다. 방렬의 큰아들은 여중이고, 여중의 큰아들은 지택이며, 지택의 큰아들은 민행이다.

김민행은 자가 선백인데, 1673년에 출생하여 1737년에 타계하였다.

공은 정대 통명, 신의로 이름이 높아서 무신년(1728년) 이인좌 등이 거병하여 종실 탄을 추대하려고 반란을 일으켰을 때, 용와 유승현이 의병대장이 되어 안동에 의진을 펴자 옥천 조덕린 등과 호응, 의진에 가세하였다.

김민행은 시원을 양자로 들였으며, 김시원도 계운을 양자로 얻었다. 김계운의 큰아들은 곤수이며, 김곤수의 큰아들은 진종이다. 김진종의 큰아들은 형락이며, 김형락의 양자는 병식이다. 김병식의 큰아들은 형칠이며, 김형칠의 큰아들은 전 종손 시우 씨이다.

김시우 씨는 자가 여룡이며, 1926년에 출생하여 1998년에 타계하였다.

"선친께서는 연희전문 영문학부를 다니셨지요. 그때부터 우리 집이 구학문과 단절하게 되었지요."

김명균 씨가 말하였다.

"근대에 신학문 쪽으로 돌아서 우리 가문에서 박사를 여러 명 배출하였지요. 의학 쪽으로 우리나라에서 최초로 뇌수술을 한 김시창 박사가 있었는데, 그분은 6·25 때 납북되었지요. 공학 쪽으로는 여순공대를 나온 김시융 박사가 있었지요. 그분은 해방 후 미국에 정착하셨어요. 원래 종가의 전장들은 주축이 영양 청기에 있었지요. 그 전장이 그 두 분의 학비로 다 들어갔다고 해요. 그 두 분은 조부 대 7형제 가운데 넷째 어른의 자제들이지요. 넷째 어른이 우리 조부께 반허락을 받고 팔아 갔다고 합니다. 조부께서는 그 두 분의 미래가 청기의 재산보다 더 중하다고 생각하셨던 거지요. 조부께선 선비형이셨답니다. 집중적으로 가학에 열중하셨지요. 그러나 구학문 주장만 하시지는 않고, 여러 자질들, 종반들을 서울로 유학시켜 신학문을 배우게 하셨어요. 우리 집이 그런대로 세를 유지했던 것은 조부 대까지입니다. 일제를 넘기면서 가산이 기운 것이지요. 지금은 종가에 재산이라 할 것도 없어요. 이 앞에 한 이십여 두락? 문중 위토는 좀 많지만, 그래봐야 소출이 얼마나 나오겠어요?"

김명균 씨의 말은 막힘이 없었다.

"부친께선 연희전문을 졸업하지 못하셨습니다. 물론 가산이 기운 탓이랄 수는 없고, 당시에는 좌우익의 열풍이 거셌다고 합니다. 신변의 위협을 느낄 정도였대요. 그래서 종손이 잘못되면 큰일이라고 조부께서 불러내리셨지요. 3학년까지 다니시고 돌아와 다시 학교로 돌아가지 못하셨습니다. 종가를 지키셨지요. 학교 교사를 간헐적으로 하셨고요. 서울에 있는 장춘고 전신인 고계학교, 안동중학, 사범학교 교사…… 오래 하시지는 않았어요. 한때 서울에서 사업을 시도하시기도 했지만, 잘 안됐고, 그게 제가 초등학교 5학년 때쯤 되어서 일거예요. 부친이 40대 초반이었을 때지요. 제가 중학교 들어가서부터는 모든 것을 정리하시고, 그 이후로는 한번도 종가를 떠나지 않으셨어요."

김명균 씨는 부친에 대한 추억이 많은 모양이었다. 하긴 아직 상중

의성김씨 청계공 종택 병풍

이었으므로, 김명균 씨가 부친에 대한 추억 속에 사로잡혀 있는 것도 이상할 것은 없는 일이었다. 우리가 들어선 방에는 아직 제청이 마련되어 있으며, 김명균 씨는 무명 상복을 입고 우리를 맞았던 것이다.

김명균 씨의 부친인 김시우 씨가 아직 송가를 떠나지 못하고 있다는 것은 사랑채의 대청마루에서 더 분명하게 확인할 수 있었다. 사랑채의 대청마루는 서쪽으로 터져 있었는데, 서쪽 문에는 짚을 둘러서 여막의 모습을 갖추었다. 그리고 대청의 안, 위쪽 벽으로는 한지를 돌려 복을 입어야 하는 사람들의 이름이 복을 입는 기한에 따라 나누어져 쓰여 있었다. 자잘한 글씨들로 채워진 이름이 만만치 않은 크기의 대청 벽을 한바퀴 휘돌고 있었다. 그러니 한 가문의 종손이 차지하는 위치는 그 이름들의 엄청난 숫자를 통하여 증명될 수 있는 일이 아니겠는가?

그러한 것들 가운데 특히 눈길을 잡아끈 것은, 대청 북쪽면에 이 끝에서 저 끝까지 죽 펼쳐져 있는 병풍이었다. 내앞 의성김씨 가문에 속하는 선조들의 글씨를 모아서 만든 커다란 병풍이었다. 청계공 김진의 수적으로부터 시작하여, 100여 편의 글들이 실물 그대로, 혹은 복사되어, 때로는 직사각형의 형상으로, 때로는 정사각형의 모습으로, 12폭 병풍의 부분부분을 차지하고 있었다. 이 병풍을 지배하고 있는 미학은 나를 매혹시켰다. 다양한 모습의 글자들이 만들어내는 미학! 미학적 통일성은 염두에 두지도 않은듯한 그 자유로운 배치가 오히려 놀라운 통일을 이루어내고 있었다. 서로 다른 글씨들, 서로 다른 면과 선들, 서로 다른 느낌들, 그것들이 어지러이 한 자리에 놓여짐으로써 아무도 예기치 않았던 놀라운 화음을 연출하고 있었던 것이다.

4. 청계공 종택

"이 집의 내력에 대해서는 특별한 기록이 없어요. 건축 연대 등을 고증할 수가 없지요."

김명균 씨가 말하였다.

"그렇지만 고건축 하는 사람들이 자주 오는데, 그분들 말을 들어보면, 이 집이 한꺼번에 지어진 것이 아닌 것 같대요. 처음에는 저 아래 대문이 있는 행랑채, 그 위에 안방이 있는 안채, 그리고 이 위 사랑채와 안방 위로 붙은 마루 끝방 줄, 이렇게 세 줄이 있었을 것이라는 거지요. 그랬던 것이 나중에 횡으로 연결시키는 건물들이 생겨서 두 개의 ㅁ자가 겹쳐있는 형상, 밖으로 큰 ㅁ자가 있고, 안으로 작은 ㅁ자가 들어앉아 있는 모습으로 되었을 기라는 거지요. 안채 동쪽을 막은 광창 방이나, 서쪽의 통로 방 등은 나중 중수 때 만들었을 것이라고 하더라고요."

의성김씨 청계종가 전경

의성김씨 청계 종택 서쪽

의성김씨 청계 종택의 안채

아닌게 아니라 과연 그 말은 틀린 말이 아니었다.

내앞의 큰 종가는 보물 450호로 지정되어 있었다.

의성김씨의 종가인 이 집은 16세기에 불에 타 없어졌던 것을 학봉 김
성일 선생이 다시 지은 것이라 한다. 건물은 ㅁ자 형의 안채와 1자형 사
랑채가 행랑채와 기타 부속채
로 연결되어 전체적으로 ㅁ자
형 평면을…… 안채는 다른 ㅁ
자 형평면주택과 달리 안방이
바깥쪽으로 높게 자리잡고 커
다란 대청이 이중으로 되어 동
쪽을 향하고…… 사랑채는 안
채보다 깊숙이 별채처럼 외진
곳에 배치…… 손님이 행랑채
의 대문을 거치지 않고 사랑으
로 곧장 들어갈 수 있게……

종가의 앞에 서 있는 안내판의
기록이다.

두 개의 ㅁ자가 겹친 구조의
안채와 사랑채 서북쪽 위로는

의성김씨 청계 종택 사당복도계단

사당이 높이 올라앉아 있었다. 사당으로 오르는 길은 시멘트 계단으로 만들어져 있었고, 그 초입에는 양쪽으로 측백나무가 심어져서 직선으로 쭉 뻗어 올라가고 있었다. 사당에는 청계공의 영정이 모셔져 있다는데, 불행하게도 그것을 감상할 수 있는 기회는 갖지 못했다.

의성김씨 내앞 큰종가의 건물 모습에는 흥미로운 것이 많았다. 그러나 가장 눈길을 끄는 것은 안채 마루의 모습이었다.

의성김씨 청계 종택 안마루

마루는 ㅁ자형 구조의 안채 안에 서쪽으로 놓여져 있었고, 그 서쪽으로는 또 사랑채의 서쪽 행랑방이 막고 서 있으므로, 동쪽에서도 서쪽에서도 빛이 들어올 수 있는 구조가 아니었다. 빛을 쬐려면 안채의 안마당으로 내려서거나, 안채와 사랑채 사이의 뜰로 나가는 것을 선택할 수밖에 없을 듯하였다. 그러므로 마루는 완전히 여름의 공간, 여름의 시원함을 중점으로 고려하여 만들어진 것이 아닌가 생각되었다. 안채 안마당 한 쪽으로 쏟아져 내리는 밝은 빛살과는 대조적으로, 어둑한 마루는 검은 색조의 착 가라앉은 분위기가 지배하고 있었다. 마루판은 두껍고 작은 판자들을 이어붙여 놓고 있었는데, 세월 탓인지 곰보가 되어 있었고, 그 곰보 마루판 가운데 하나는 한가운데를 4각형으로 손바닥만하게 베어내고 다른 나무로 채워놓기까지 하였다.

마루는 동일한 높이의 평면이 아니었다. 세 영역으로 나뉘어서 높이를 달리하고 있었던 것이다. 제일 낮은 것은 동쪽의 ㅁ자형 안마당과 연결되어 있는 부분이었다. 섬돌과 연결되는 부분이 길다란 사각형의 형상으로 되어 있었는데, 그곳이 가장 낮았다. 그 다음으로는 안방 문으로부터 시작되어 사랑채로 나가는 문까지 이어지는 부분이 마치 중국집에서 쓰는 끝이 각진 칼 모양으로 나뉘어져 있었는데, 동쪽의 마루보다는 10센티 정도가 높게 만들어져 있었다. 그리고 그밖의 마루, 그러니까 위쪽의 건너방에 붙은 마루는 거의 정사각형 모양이었는데, 두 번째 층의 마루보다 또 10센티 정도가 높았다.

이렇게 하여 마루는 조각마루를 별 신경 쓰지 않고 이어붙인 형상, 솜씨 없는 목수가 높이를 맞추지 못하여 잘못 만들어 버린 것과 같은 형상을 드러내고 있었는데, 이런 미학은 사랑채 대청에 펼쳐져 있는 병풍의 그것과 마찬가지로, 색다른 묘미를 갖는 것이 아닐 수 없었다.

그 외에도 안채의 안방 천정을 처리하고 있는 방식, 안채의 동쪽 2

층의 광창 방, 사랑채와 행랑채를 연결시키고 있는 서쪽의 통로방 등, 내앞의 종가는 여러 가지 눈여겨 볼 만한 것을 가지고 있었다.

5. 학봉 김성일의 종가

안동의 의성김씨는 내앞과 검제를 양 축으로 하여 말할 수 있다. 안동을 중심에 두고 동쪽으로 좀 나간 곳에 자리잡고 있는 마을이 내앞이고, 서쪽으로 좀 나간 곳에 위치하고 있는 것이 검제이다. 검제는 학봉 김성일이 자리잡고 살기 시작함으로써 의성김씨의 세거지가 되었다.

김진의 넷째 아들인 김성일은 자가 사순이고 호가 학봉이며 시호가 문충공이다.

그는 19세에 퇴계 문하에 들어갔다.

"학봉선조 배위가 안동권씨지요."

학봉종가에서 만난 학봉의 14대 종손 김시인 씨는 말하였다.

학봉종택 전경

"무남독녀였어요. 그래서 처가로 들어왔지요. 처가가 검제였어요. 지금도 여전히 외손봉사를 하지요."

안동의 서쪽으로 뻗은 국도, 풍산 나가는 길을 따라가다가 송야교를 건너면서 오른쪽으로 접어들면 길은 한참 동안 시내의 제방을 따라 거슬러 오른다. 그러다가 길과 시내가 떨어져서 달리기 시작하면, 얼마 지나지 않아서 오른쪽으로 학봉종택이 모습을 드러낸다. 그 일대가 바로 검제, 안동사람들이 흔히 금제라고 발음하는 곳이다.

"보기에는 보잘것없지만, 마을 역사가 1천여 년이나 돼요. 5백년 동안 역사에 오른 명현들이 열다섯 분 배출된 땅이지요. 학봉 이전부터 인물들이 났어요. 마을은 한데 모아져 있지 않고 5집, 6집…… 이런 식으로 여기저기 흩어져 있어요. 그래서 12검제라고 합니다. 외지에 나가면 면소재지도 검제라고 합니다. 이렇게 마을이 흩어져 있으니까 별 볼품은 없지요. '들을 검제지 볼 검제는 못된다'는 옛 말도 있어요. 〈동지(同誌)〉에는 검제를 '천년불패지지'라고 했어요. 땅덩어리 생겨난 이래 여기는 변란 난 적이 없어요. 임란 때도, 6·25 때도 별 일이 없었지요."

현 종손인 김시인 씨는 검제 자랑에 여념이 없었다.
학봉은 처가로 들어갔으며, 새로 집을 짓지는 않았다. 학봉이 검제로 옮긴 것은 학봉종가에서 나온 《운장각》이라는 소책자에 따르

학봉 김성일의 편지〔1592년(선조25년 임진〕 12월 24일 경상우도 관찰사로 산청에서 안동본가에 있는 부인 권씨에게 보낸 한글 편지〕

면 1582년이라고 한다. 처가살이를 한 셈인데, 장모와 아내에 대한 정성이 각별하였던 모양이다.

요사이 추위에 모두들 어찌 계신지 가장 사념하네.…… 장모 모시고 설 잘 쇠시오.…… 살아서 다시 보면 그때나 나을지 모르지만 기필 못하네. 그리워하지 말고 편안히 계시오. 끝없어 이만.

이 간단한 한글편지는 학봉이 경남 산음현에서 보낸 것인데, 4개월 후에는 학봉이 타계하므로, 마지막 말이 담겨있는 것이라고 하겠다. 이 속에서 우리는 전란의 와중에 휩쓸려 들어간 한 유학자가 담

학봉종택 사랑채 현판

담하게 표출하여 주는 절제된 그리움의 모습을 본다.

　　"증손되시는 분이 나중에 집을 새로 지었지요."

김시인 씨가 말하였다.

　그러나 그 집은 수해로 사라지고, 지금의 집은 현 종손의 6대조 되시는 분이 지금의 집으로부터 오른쪽, 그러니까 서쪽으로 보이는 산기슭에 지었던 집을 뜯어서 옮긴 것이라고 한다. 터는 옛 집터인데, 집은 옛집이 아니라는 말이다. 6대조가 처음 지은 집이라면 200년 가까이 되는 연륜을 갖는 집이기는 하지만 말이다. 집은 해방 후에 옮겨 지었다고 한다.

　종가는 남향을 하고 있고, 오른쪽으로 'ㅁ'자 형상의 안채, 왼쪽으로 'ㅡ'자 형상의 바깥채, 그리고 그보다 더 왼쪽의 뒤로 썩 물러앉아 있는 사당이 기본구조를 이루고 있다. 사당의 왼편으로 서향을 하고 있는 운장각은 새로 지은 것이다. 운장각의 남쪽으로는 풍뢰헌이라는 이름의 정자가 있다.

정자는 밝은 연갈색을 하고 있고, 그 안에 사람이 기거하고 있으므로 보기에도 마음이 흡족하다. 그것은 그 앞을 지키고 있는 오래된 모과나무의 색감과 아주 잘 어울린다.

현재의 학봉종가는 잘 관리되고 있다. 바깥마당의 수목들도 세심한 보살핌을 받은 흔적이 역력하다.

학봉종가가 자랑삼고 있는 것은 건물이나 유적 등이 아니다. 임진왜란 때 나라 일에 전력을 다하다 타계한 학봉의 우국충정과 그러한 정신을 이어받은 후손들의 삶살이 모습이야말로 학봉종가가 자랑삼고자 하는 것이다.

학봉선생고택이 주체가 되어《4백년을 이어온 학봉선생고택의 구국활동》이라는 제목으로 발간한 소책자에는 다음과 같은 일절이 보인다.

이 검제 마을 한가운데에 자리잡고 서서 '학봉선생구택'이라는 커다란 현판을 걸고 있는 고옥이 바로 우리나라 성리학의 본류인 퇴계학의 연원 정맥을 근세에 까지 이어온 우리나라 중·근세 정신문화의 중심지의 하나였고, 임진왜란과 한일합방이라는 치욕의 역사적 소용돌이 속에서 400년 줄기차게 이어온 항일구국활동의 산실이었던 '학봉선생고택'이며, 그 주인공이 바로 학봉 김성일 선생과 선생의 장손인 단곡 김시추 선생, 선생의 11대 종손인 서산 김흥락 선생, 13대 종손인 김용환 지사이다……… 단곡 김시추 선생은 광해군 13년(1621년) 영남 유림의 소수로 추대되어 오국의 원흉이며 패륜의 권신인 이이첨 일당의 죄과를 추상같이 단죄하는 '영남유생 만인소'를 3소까지 올려……… 정묘호란 시에는 안동의병대장으로, 병자호란 시에는 안동유진장으로……… 선생께서는 당호를 '풍뇌헌'이라 이름지었으며, 이때부터 학봉선생고택을 '풍뇌헌'이라 부르고 있다.……… 김흥락 선생은……… 일제가 국모를 시해하고 왕권이 흔들리자……… 전국 최초의 항일의병인 '안동갑오의병'을 일으켰으며, 을미의병과 병신의병을 총지휘하여 안동부를 점령……… 수천명의 후학들에게 성리학뿐만 아니라 민족주의와 독립사상을 가르쳐 그 중 석주 이상룡, 일송 김동삼, 기암 이중업, 공산 송준필, 성제 권상익과 같은 수많은 걸출한 독립운동가를 배출하였다.……… 김용환 지사는 젊어서는 의병에 가담하여 경북지방의 무수한 의병전장을 누볐고, 김지사 소유의 학봉종가 전재산과 임천서원의 재산을 포함하여 20여 만평의 전답을 처분하여 존고종형인 만주의 석주 이상룡 서로군정서 총재에게 독립군 자금으로 헌납하고, 비밀 독립운동 단체인 '의용단'을 조직하여 독립운동자금 모집 중 체포되어 대구형무소에서 9개월간 옥고를 치루는 등 네 번이나 구속되었으며……

이러한 종가의 가계는 어디서든 쉽게 볼 수 있는 것이 아니다. 학봉종가를 지키고 있는 김시인 씨가 자랑삼는 것도 바로 이것이었다.

6. 흘러가는 세월과 정지되어 있는 역사

학봉종가와 내앞의 큰종가는 의성김씨의 유별난 가문사랑을 엿볼수 있는 현장이다. 그러나 그것은 분명히 예전과 같은 성격을 지니는 것이 아니고, 옛날과 같은 강도를 지니는 것도 아니다.

종가! 그것은 이미 하나의 문화재, 전통시대를 엿보게 하는 하나의 자료가 되어 있다. 어디에서나 그러하듯이, 우리의 전통시대는 아직 후손들의 발걸음이 잦은 내앞이나 검제에서조차도 현대와 당당히 동행하는 모습을 보여주지는 못하고 있는 것이다.

현대가 도시중심성을 가지므로 시골마을을 중심으로 하여 전개된 종가의 문화는 현대와 태생적으로 잘 어울릴 수 없다. 현대가 고향 중심으로 펼쳐져 있는 삶살이의 무대가 아니고 일터 중심으로 타향살이를 강요하는 삶살이의 모습을 갖추고 있으므로, 여러 대가 한 곳에 뿌리내려 살아왔던 전통적 삶살이의 방식은 현대와 친화하기 어렵다. 현대가 절대적으로 쾌적하고, 안전한 생활공간, 편리한 생활공간을 요청하므로, 주변의 자연과 친화하기를 바랐던 전통적인 가옥구조는 현대와 손을 맞잡기 어렵다. 현대가 개인 중심, 작은 가족 단위 중심의 삶의 방식을 선택하고 있으므로, 큰 가족 단위를 중심으로 하여 넓은 영역에 걸쳐 여러 건물들을 펼쳐놓는 전통적인 가옥구조는, 무엇보다도 노동력을 많이 필요로 하고, 유지

보전에 많은 경비가 든다는 경제적 이유만으로도 현대에는 받아들여지기 어렵다.

종가는 이렇게 현대와 친연성을 갖지 못하는 전통적 삶살이 속에 놓여진다. 이제 도시생활에 익숙한 우리는 아무도 내앞의 종가와 같은 고택에서의 삶을 선택하려 하지 않으므로, 우리는 우리 주변에서 내앞의 종가와 같은 가옥, 내앞의 종가가 담아냈던 것과 같은 삶살이를 만날 수 없다.

그 점에서 검제의 종가는 아직 상황이 다르다고 할 수 있다. 검제의 종가에는 여전히 종손이 버티고 앉아 손님 맞이를 하고 있으니까 말이다. 그렇지만 그러한 종가, 생활의 현장이 되어 있는 종가의 모습이 검제에서 언제까지나 유지될 수 있는 것은 아님을 부정할 수는 없는 일이다.

어쨌든 그러한 생활이 우리 주변의 일상이 아닌 것만은 분명하다. 그런 삶살이를 형식적으로라도 느낄 수 있기 위해서는, 우리는 도시를 벗어나고 우리의 집을 떠나서, 멀리 내앞이나 검제 같은 곳에 이르러야 한다. 내앞이나 검제 같은 곳에 이르러 종가를 슬쩍 돌아보고, 우리는 다시 도시로, 우리의 현대로 돌아간다. 그렇게 종가는 우리의 삶을 담아내고 있는 현장이나, 우리의 삶을 담아낼 수 있는 미래로 우리들에게 고려되고 있는 것이 아니라, 우리의 과거를 엿볼 수 있는 자료로 전락되어 가고 있는 것이다.

그것은 오늘 우리가 내앞의 종가에서 만날 수 있는 김명균 씨나 김승균 씨에게서도 마찬가지이고, 장래 내앞으로 돌아와 종가를 지킬 것이라는 종손 김창균 씨나, 역시 장래 학봉종택으로 돌아와야 하는 검제의 젊은 종손에게서도 마찬가지가 아닐까?

"형님은 대대로 전해 내려온 제주를 물려받는 것을 즐거워 하셨습니다."

김명균 씨가 전하는 내앞의 종손 김창균 씨의 모습이다.

"20년 전(?)에 형님이 어떤 사람의 취재에 응했을 때 말한 바가 있지요. 형님은 '사람이 나이가 들면 시골이 편안하다, 그 때가 되면 내가 편안해서라도 집에 들어오지 않겠는가' 라고 말하셨지요."

김명균 씨는 김창균 씨에 대한 애정과 존경을 말 속에 은근히 감추고 있었다.

"형님은 늘 종손 역할을 제대로 해내지 못하는 것을 미안해 하고, 한탄하셨지요. 아마 환갑 전에 여기 집이 편하다는 것을 느끼실 것입니다."

김명균 씨에게는 종가는 이미 편하고 자랑스러운 곳으로 결론이나 있는 모양이었다. 그의 의식은 이미 종가를 중심으로 하는 세계로 회귀를 한 듯하였다. 물론 그것은 만만치 않은 세월을 허비한 다음의 결론일 것이었다.

"우리는 성격이 꼬장꼬장 해서 마음에 안 드는 것이 많지요. 그래서 사회생활에 적응을 잘 못합니다. 월급쟁이는 별로 안 어울리지요."

김명균 씨는 말하였다.

"명색이 이런 집 자손으로 인문학 쪽을 치지도외할 수 없어 35살에 진학했습니다. 한문학 전공을 하고 싶었으나, 실제로는 국문학 전공을 하게 되었고, 국문학 쪽에서 고전문학, 그러니까 한문학을 공부하고 있습니다."

김명균 씨나 그의 아우 김승균 씨가 느지막이 한문학 공부를 하기 시작한 것은 가문에 대한 인식을 새롭게 한 탓인 모양이었다.

명균 씨나 승균 씨는 이렇게 종가가 놓여져 있는 문화, 이미 단절되어 버린 가학의 전통을 새로 잇는 공부를 선택하고 있었다. 단절된 역사 속으로 되돌아가기, 박제가 되어가는 문화를 되살리기, 가문이 그 중심에 놓여지는 영광의 시대를 부활시키기는 명균 씨나 승균 씨의 화두일 것이었다. 그것이 우리 모두의 화두인 것처럼.

그러나 명균 씨나 승균 씨를 포함해서 우리 모두는 그것이 얼마나 어려운 일인가를 안다. 세월은 거칠게 흘러갔고, 우리 주변에 남겨진 역사는 겨우 비어버린 종가나 힘들어 하는 몇몇의 종손밖에는 없다.

"부친께서는 자신을 개미귀신의 모래 웅덩이에 빠진 개미로 비유하셨어요."

김명균 씨가 타계하신 선친을 회상하면서 내게 들려주었던 말이다.

"개미귀신의 웅덩이에 빠진 개미는 아무리 발버둥쳐도 그곳을 빠져나갈 수가 없지요. 종가가 하나의 무덤으로 생각되었던 거지요."

이런 김명균 씨의 말에 따르면 한평생 한 가문의 종손으로 살았던 김시우 씨의 삶은 여간 고단한 것이 아니었으리라고 생각된다. 김시우 씨는 평생의 투쟁을 통하여 그런 고단함을 편안함으로 바꿔낼 수 있었을까? 그리하여 오늘 땅 속에 묻혀있는 그의 영원한 잠은 평온한 것일 수 있을까?

"여전히 종가가 시대 속에서 기능할 수 있는 여지는 있다고 생각합니다. 문중 단위의 공동체 의식은 점점 개인화 되어가는 사회 속에서 좋은 역할을 수행할 수 있을 겁니다."

김명균 씨의 말이다.

오늘 종가의 방 하나씩을 차지하고 있는 김명균 씨와 김승균 씨, 그들의 형님이면서 내앞의 의성김씨 큰종가를 두 어깨에 짊어지고 나가야 할 큰종손 김창균 씨, 나는 그들의 삶이 그 부친처럼 개미귀신의 모래 웅덩이에 빠져들어 허우적대는 곤혹스러움이 아니라, 웅덩이 밖으로 빠져나온 자유스러움이기를 기원하여 본다. 그들의 자유스러움, 특히 종손 김창균 씨의 자유는 그 혼자만의 고투를 통하여 얻어질 수 있는 것은 아닐 것이다. 시대가 종가나 종손과 화해하는 방식을 새롭게 만들어내지 못한다면, 그의 자유는 없을 것이기 때문이다. 이 점은 검제의 젊은 종손에게도 해당되는 말이고, 그 밖의 다른 모든 종손들에게도 해당되는 것이라 할 수 있다.

과연 오늘의 시대가 우리에게 요청하는 것은 무엇일까? 시대는 여전히 거친 세월의 흐름 속에서 표류하는 역사를 방치하기만 할 것인가? 아니면 어디쯤에 역사를 구원하고자 하는 손길을 은근히 뻗혀두고 있는 것인가? 알 수 없는 일이다.

III. 풍산유씨 가문의 종가들

1. 하회마을

물돌이동 하회마을! 이 마을 이름은 그 자체가 이미 하나의 암호이다. 현대와 전통이 어떻게 손을 맞잡아야 할 것인가를 생각하게 하는 중요한 상징이다.

하회마을! 우리는 이 암호를 '전통마을'이라는 의미로 이해한다. 하회마을에는 전통이 살아 있다는 식으로 받아들인다는 말이다. 그리하여 우리는 하회마을을 생각하며 아쉬움을 느낀다. 속절없이 지내버린 일생을 되돌아보며 회한에 젖듯이, 오래 전에 생을 마감한 부모님을 떠올리며 아쉬움에 젖듯이, 아니면 떠나보낸 첫사랑을 반추하여 보면서 애잔한 설움을 느끼듯이 — 그렇게 하회마을은 우리의 마음속으로 슬며시 다가오는 것이다.

그러나 실제로 하회마을에서 우리가 만날 수 있는 것은 온전한 전통적 삶이 아니다. 하회마을에서 삶은 불구의 모습을 하고 있다. 하회마을의 삶은 그 자체가 가질 수밖에 없는 현실성 때문에 불구의 모습을 하고 있는 것만은 아니다. 하회마을에서는 선전되고 보여지는 것 때문에, 장식이 되어 있고 박제가 되어 있는 것 때문에, 삶은 이중의 불구성을 보여주게 마련이다. 보여지는 삶, 선전되는 삶, 장식이 되어 있는 삶, 박제가 되어 있는 삶이 어떻게 삶의 훈훈한 온기를 담아낼 수 있을 것인가? 삶의 훈훈한 온기가 담겨져 있다면 삶의 불구성은 피투성이가 되면서도 감내할 가치를 지닐 것이다. 그러나 삶의 훈훈한 온기가 담겨져 있지 않다면 우리가 굳이 피투성이가 되면서까지 그 삶을 감내할 필요가 없을 것이다.

하회마을에서 만나게 되는 삶은 그 장식성 때문에 더욱 굴절되어 보이고, 더욱 불구의 모습을 띠고, 더욱 우리를 아프게 한다. 우리는 우리가 오래 전에 배반하였던 전통적 삶 때문에 견딜 수 없는 아픔을 느끼고, 거기다가 더하여 하회마을에서 만나게 되는 시장바닥에 나앉은 전통적 삶 때문에 더욱 커다란 아픔을 경험하게 되는 것이다. 하회는 그렇게 우리의 내밀한 마음앓이와 연결되어 있는 마을인 것이다. 게다가 요즈음 하회는 영국여왕을 팔아먹는 식민지적 창부성까지 유감없이 보여줌에 있어서랴!

하회마을 들어가는 길! 사실 그 길의 좌우는 굳이 걸어가지 않더라도 충분히 아름답다. 고만고만한 높이를 가진 키 낮은 산들 사이로 겨우 작은 차들의 교통이 가능한 좁은 아스팔트 길이 열려 있다.

하회마을 진입로

아스팔트 길은 이제 막 멋을 부리기 시작한 사내애가 기름을 바른 머리를 참빗으로 말끔하게 빗어넘긴 듯한 형상을 하고 있다. 그것은 산마루를 향하여 여러 번 밋밋하게 솟아오르다가 완만하게 미끌어져 내려가며, 또 좌로 우로 휘돌기도 한다. 그렇게 하면서 우리를 하회마을로 인도하여 간다.

그렇게 두어 번 돌고 고개를 오르내린 다음에 또 하나의 고갯마루에 오르면 15도 아래쪽 저 멀리 하회마을 앞을 막 굽어돌고 있는 조각달 모양의 강물이 시선 반대 방향으로 휘어 나가는 것이 보이고, 그 한 쪽을 둘러싸고 있는 병풍바위, 다른 한 쪽에 달라붙어 있는 넉넉한 넓이의 모래밭과 소나무 숲, 그리고 마을 끝자락이 눈에 들어온다. 거리가 멀어서 세세한 모습을 빠짐없이 살펴볼 수 없기는 하지만, 하회마을은 그만큼 거리를 두고 볼 때 우리로 하여금 감탄을 자아내게 한다.

나는 우정 길가에 차를 세우고 오래 하회마을을 내려다본다. 하회
마을과 그 주변에는 아침의 부드러운 햇살이 투명하게 부셔져 내리
고 있다. 햇살이 무척 좋았으므로, 조금은 현기증이 일기까지 한다.
이런 날은 어떤 지역이나 유적을 답사하기에 과연 좋은 날인지 아닌
지 판단하기가 어렵다. 이런 날에는 송장메뚜기의 날갯짓에서조차도
오색 무지개가 일게 마련이다. 이런 날에는 턱없이 마음이 너그러워
지고, 세상사에는 관심이 없어지게 마련이다. 길 가다가 멈추어 서서
그림처럼 펼쳐지는 장면 하나에 넋을 잃고 있는 나처럼 말이다.

2. 풍산유씨의 역사
── 시조로부터 겸암 유운용까지

하회! 그 시리도록 조용하고 아름다운 반달모양의 물길 한 쪽, 마
을의 저 깊숙한 끝부분에는 풍산유씨 종가, 겸암 유운용의 종가와
서애 유성룡의 종가가 있다. 진실로 하회가 아름다운 섯은 거기 우
리네의 전통적 삶이 있기 때문이라고 할 때, 그 핵심을 장악하고 있
는 것이 이 두 종가라는 점을 어떻게 부인할 수 있겠는가?

우리의 하회마을 풍산유씨 종가 취재는 유시주 씨를 만나는 것으로 시작되었다.

"하회마을 입향조는 조선 초에 공조전서를 지내셨던 '종자 혜자' 어른이십니다. 시조로부터 7세 손이시고, 서애선생의 6대조 되시지요."

유시주 씨는 그렇게 이야기를 풀어나가기 시작하였다.

"유씨는 대대로 안동부 풍산현 사람이다. 어떤 사람은 '문화유씨'에서 갈라져 나왔다고 하나 보첩이 없으므로 상고하여 볼 수 없다."

겸암 유운용이 그의 문집 《겸암집》의 〈세계록〉 첫머리에 적고 있는 말이다. 문화유씨에서 갈라져 나왔든 아니든, 풍산유씨의 시조는 유절이라는 사람이다. 이것은 《풍산유씨세보》(이하 《세보》로 약칭함)의 기록을 취한 것인데, 《서애집》의 〈서애선생세계지도〉와는 조금 다르다. 《서애집》에서는 풍산유씨 1세가 백으로 기재되어 있다. 유백은 《세보》에서는 4세이다. 이 차이가 무엇을 뜻하는지는 말하기 어렵다. 아마도 훗날의 《세보》가 더 세밀해진 탓이 아닌가 추측해 볼 뿐이다.

《세보》에 따르면 시조 유절은 호장이었다고 한다. 《세보》의 편자는 유절을 그냥 호장이라고 기록하여 놓는 것으로는 무언가 부족함

하회마을 전경(1958)

을 느꼈던 모양이다. 그리하여 "권매헌의 《우문집》에 따르면 고려 초에 민사를 담당했던 사람이 호장이다. 또 호장에 대해 생각하여 보면, 옛날의 향대부로 오늘날 향리라 하는 것과는 다르다"고 친절하게 설명을 덧붙여 놓은 것이다.

어쨌든 풍산유씨는 1세부터 3세까지 세습하여 호장직을 역임하였던 것 같다. 4세에 이르러서부터는 호장 직책과는 무관해진다. 4세 유백은 진사로, 고려 충렬왕 때 급제하는 것으로 기록되어 있다.

5세 유난옥은 중사마징사랑 도염서령을 지냈고, 창평현령을 역임하였다.

"입향조의 조부이시지요."

유시주 씨는 말하였다.

"풍수를 잘 보는 친구분이 있었다고

합니다. 친구분에게 편안한 자리에 자손을 안치하고 싶다며 자리를 잡아달라고 하자, 친구분이 하회를 추천하였다는 것이지요."

하회마을은 풍수가들에 의하면 길지로 말하여진다. 배산임수에 입수구와 출수구가 가리워져 있고, 좌청룡 우백호가 잘 갖추어져 있다는 것이다.

"주차장 뒤쪽 산이 주산이지요."

어쨌든 유난옥은 하회마을에 많은 관심을 가지고 있었던 모양이다. 그러나 하회마을에는 이미 안씨와 허씨가 거주하고 있었다.

세전되어 오고 있는 전설에 하회촌은 '허씨 터전에 안씨 문전에 유씨 배반이다. 또는 유씨 명당이다' 하여, 처음 허씨가 살았는데, 뒤에 안씨가 살다가, 그 뒤에는 유씨가 입향하여 허씨나 안씨가 떠나가게 되었다는 말인데, 허씨나 안씨가 살았다는 것을 지금 와서는 고증하기가 어렵고, 다만 하회 별신굿의 가면을 허도령이 만들었다는 전설과, 정랑 배소의 셋째 사위 광주안씨 종생이 잠시 살다가 환향하였는데…… 이 광주안씨를 지칭하는 것인지 모르겠다. 이렇듯 허씨, 안씨는 다 떠나고 지금은 유씨의 터전이 되었다.

보학에 해박했던 서주석 씨가 풍산유씨를 소개하는 글에서 적어두고 있는 부분이다.

이미 하회마을에 터전을 가지고 있던 안씨와 허씨가 유씨의 입향에 대하여 어떤 태도를 보여주었는지는 추측하기 어렵다. 그러나 환영하는 것은 아니었던 모양이다. 따라서 유난옥은 하회마을에 이주하고자 하는 생각을 가지고 있으면서도 실제로는 이주하지 못하고, 겨우 그의 손자 대에 와서야 그러한 소망이 실현된 것이다.

"3대 동안 공을 들여서 그 손자 대에 입향하였어요."

유시주 씨는 말하였다.

조선에 들어와 가선대부 공조전서를 지냈다. 풍산 상리로부터 처음 하회마을로 이거하였다.

《세보》의 입향조 유종혜에 관한 기록이다.

"지금의 양진당 옆에 입향조께서 기지를 세웠다고 합니다. 그런데 그게 순조롭지 못하였던 것 같아요. 기둥을 세우면 쓰러지고, 다시 세우면 또 쓰러지고 하였다고 해요. 마침내 현인의 현몽이 있었는데, '네 터가 아니니 공을 더 들여야 한다'는 현몽을 얻어, 하회 2동 밭 한가운데

솥을 걸고 만인적선을 하고 나서 기둥을 세우니, 그제야 기둥이 바로
섰다는 것이지요. 그렇게 적선한 음덕을 입어서 후손이 번성하게 되었
다고 합니다."

유시주 씨의 말이다. 이 전설은 아마도 허씨 안씨의 터전에 유씨
가 들어와 살고자 했을 때, 반발이 심하였던 상황을 반영하는 것이
라고 할 수 있을 것이다. 유시주 씨에 따르면 허씨 안씨는 산기슭 밑
으로 좋은 자리를 다 차지하고 있었으므로 유종혜는 그들을 피하여
강쪽으로 나가 자리를 잡았다는 것이다.

"입향조께서는 친분이 있는 배전서라는 분과 같이 하회로 들어오셨
다고 해요. 하회를 둘이 양분하여 살자고 하였다는 것이지요. 그러나
배전서는 나중에 다른 곳으로 이주하고 유전서만 남았지요."

이 부분에 대한 기록을 〈영모록〉에서 찾아보자.

"공(유종혜)이 처음 풍산현 내에 거주하다가 서쪽으로 10여 리 떨어
진 화산 아래 하회촌의 산수의 아름다움을 따라 이주하였는데 이때 친
구인 전서 배상공도 함께 살게 되니 전답과 집을 나누어 주었다. 그 후
배전서의 아들인 정랑 소의 사위 평창군사 권옹이 이어서 살게 되고, 그
후 호군공(유소)이 평창군사의 사위가 되어 다시 (유씨의 전답과 집으

로)복귀하여 지금까지 살고 있다."

이렇게 보면 배씨는 하회마을에서 3대를 채 넘기지 않고 떠나간 것이라 하겠다.

"유씨가 들어온 다음에 언제까지 허씨와 안씨가 같이 이 마을에서 살았는지는 알 수 없어요. 숙종 때까지는 허씨가 이 마을에 살았다고 합니다. 안씨는 6·25 이후까지 여러 집이 살았고, 1970년대 초반에 마지막으로 떠났어요. 현재는 유씨 일문이 대부분이지요. 105가구 가운데 풍산유씨가 80퍼센트, 타성들이 20퍼센트 정도이지요."

유시주 씨의 말이다.

유종혜의 손자는 소이다. 그는 선략장군 충무위 부호군을 지냈고, 증직으로 통훈대부 사복시 정을 제수받았다. 그는 형과 온 두 아들을 두었다. 형의 후손은 안동을 떠났던 모양이다. 하회의 풍산유씨들은 온에게로 이어진다.

유온은 1453년에 나서 1502년에 타계한다. 그는 1484년에 진사가 되었고, 창원 교수를 지냈으며, 자헌대부 이조판서를 증직으로 받았다. 부인은 안동김씨로, 부인의 부친은 대사성을 지냈던 보백당 김계행이다.

유온의 아들은 공작이다. 그는 1481년에 태어나 1559년에 죽으며,

겸암종가 입암고택 현판

겸암종가 양진당

통훈대부 간성군수를 지냈다.

　공작의 아들은 중영이다. 그는 1515년에 군위에서 나서 1574년에
죽었으며, 자가 언우이고, 호가 입암이다. 유중영은 안동김씨 진사
광수의 딸과 혼인을 하여 운룡, 성룡 등을 낳으며, 경자년에 문과에
병과로 급제하여 황주 훈도로 보임된다.

　《겸암집》과《서애집》의 행장에 따르면 유중영은 강직하고, 타협
을 모르는 성품이었던 것 같다. 그는 성균관 장무관으로 재직하고
있을 때, 학전 문제로 호조판서와 대립하는 모습을 보여주기도 한
다. 이야기는 이러하다. 어떤 부유한 상인이 학선을 무단으로 경삭

하고 있었다. 그 상인이 오래 경작하여 오던 것이라 봐서 누구도 그것을 문제삼지 않았다. 유중영은 그것을 문적을 살펴서 찾아냈다. 상인은 이 문제를 호조로 들고갔다. 호조판서는 이 상인과 사적인 관계를 맺고 있었으므로 그를 도와서 문제를 해결하고자 하였다. 그는 친히 유중영을 문초하였다. 유중영은 소상히 경과를 이야기하고 호조판서를 비판하였다.

"이 밭은 진실로 공적으로 선비를 기르는 데 써야 할 자산인데 공께서 빼앗아 부유한 상인에게 주고자 하는 것은 무슨 이유입니까?"

낭연히 호조판서는 격노하였다. 그 일로 인하여 유중영의 직첩은 3등이나 낮추어졌다. 그렇지만 밭은 학교에 속하게 되었다.

이러한 일은 또 있었다. 후에 성균관 박사로 승차하였을 때, 유중영은 공적인 문제를 들고 이조판서 윤원형을 찾아가 조금치도 굴하지 않고 항의하는 모습을 보여준다. 그 결과 그는 파직된다. 얼마 지나지 않아서 똑같은 직책으로 다시 복직되기는 하지만 말이다.

유중영은 황해도 관찰사, 예조참의 등의 직책을 거친다. 그의 아들인 성룡이 재상이 되자 조정은 그에게 순충보조공신 대광보국숭록대부 의정부영의정 풍산부원군의 증직을 내리고, 그의 부인 안동 김씨를 정경부인으로 봉하였다.

3. 유운룡과 유성룡

그 자신이 평생을 크고 작은 벼슬을 거치기도 하였지만, 유중영은 운룡과 성룡이라는 두 걸출한 아들을 낳아 기름으로써 단숨에 풍산 유씨를 최고 명문의 반열에 올려놓는다. 사실 풍산유씨는 겸암과 서애의 후손들로 대표된다고 하여도 과언은 아닌 것이다.

"서애선생 후손들이 겸암선생 후손들보다 많지요."

유시주 씨가 말하였다.

"예천 쪽으로 올라가면 겸암선생과 관련된 지명들이 있다고 하지요. 임진왜란 때 겸암선생이 백여 명 가솔을 이끌고 예천에서 단양 쪽으로 피난을 가는데 예천 상리면의 한 마을을 지날 때 사람들이 난세에 행렬을 갖추었다고 비난하였다고 해요. 그래 겸암선생이 그놈들 '고약타' 하여서 마을 이름이 '고약골'이 되었다고 하지요. 그 위로 올라가면 또 '오래실'이 있지요. 겸암선생이 그쪽으로 나아가자 그 마을 사람들은 '이시 오십시요' 하고 맞겼다고 해요. 그래서 마을 이름이 '오래실'이 되었다는 것이지요. 예천 상리면 도심골에는 겸암선생이 머물렀다는 피난굴이 있어요."

유시주 씨는 박학에 달변이었다. 하회마을과 유씨 일문에 대해서 그가 모르는 것은 없는 성싶었다. 그런 그가 겸암과 서애가 관계된 설화, 겸암을 서애보다 훌륭한 인물로 묘사하고 있는 여러 설화를 모를 리 없을 것이다. 그러나 그는 그런 이야기는 일부러 피해갈 모양이었다.

"겸암선생이 학문은 누구 못지않았지만 가문을 지켜야 하였으니까 자신은 큰 벼슬을 하지 않고 동생에게 환로에 나가기를 권하였다고 하지요."

겸암 유운룡은 중종 34년, 서기 1539년에 하회에서 출생한다. 그의 자는 응견이고, 처음의 자는 이득이다.

그는 6세 때부터 학업을 시작하여 15세에 이르면 소학, 사서, 그 밖의 여러 경과 사에 통달하는 경지에 이른다. 그는 16세에 참봉 용의 딸, 철성이씨를 아내로 맞이한다. 17세 때에는 퇴계 이황 선생의 문하에 들어가 본격적으로 성리학을 익히기 시작한다. 29세 때 그는 입암의 위쪽 경치 좋은 곳에 겸암정사를 짓는데, 그 편액은 퇴계 이황이 써 준다. 이로써 그는 스스로 겸암을 자신의 호로 사용하게 된다. 이즈음에 그는 과거 보는 일과 고요하게 마음을 닦는 일 사이에서 고민이 많았던 모양이다. 《겸암집》의 〈년보〉에 따르면 그는 이때 그 문제를 퇴계 이황에게 서신으로 묻고 있는 모습을 보여주며, 퇴계 이황은 친절하게 답신을 보내 그를 위로한다. 그러나 그가 아주 벼슬살이와 무관한 삶을 살았던 것은 아니다.

"겸암선생은 음직으로 벼슬길에 나가 실학정치를 폈습니다."

유시주 씨는 말하였다.

병자년 5월에 의금부 도사를 제수받았다.

《겸암집》〈년보〉의 기록이다. 이때 겸암의 나이는 38세였다. 그러나 겸암은 6월에 병으로 벼슬자리를 내놓고 귀향한다. 〈년보〉는 이 부분에 대하여 겸암이 벼슬아치의 생활을 좋아하지 않아서 달을 채우지 않고 사직하여 돌아왔다고 설명하여 준다.

43세 되던 해 겸암은 안동의 복호를 청하는 상소를 올린다. 이때 임하에 사는 신복이라는 자가 그 어미를 살해하는 패륜을 저지른다. 그 일로 안동은 부에서 현으로 강등된다. 그러므로 겸암은 안동을 다시 부로 승격시켜 달라는 상소를 올린 것이다. 겸암의 청원은 받아들여진다.

그리고 이 일이 계기가 되었는지는 모르지만, 겸암은 의금부 경력으로 승차하게 된다. 그 사이에 한 번 조정에서 불렀어도 부임하지 않았던 겸암은 이때는 다시 벼슬길로 나가게 된다. 이때의 벼슬살이는 약 2년간 계속된다. 그 뒤에도 그는 간헐적으로 벼슬자리에 나아간다. 그의 벼슬은 통정대부 원주목사에 이르고, 그에게는 증직으로 가선대부 이조참판이 주어진다. 그는 63세 되던 해, 서기 1601년에 타계하며, 천등산 기슭에 묻힌다.

"겸암선생 쪽으로는 불천위(不遷位)가 2위입니다."

유시주 씨가 말하였다.

"겸암선생과 그 부친이신 입암선생이 불천위이지요. 내외분까지 4위가 불천위로 모셔지고 있는 셈이지요."
"서애선생 쪽으로는 어떻습니까?"

내가 물었다.

"서애선생 내외분만이 불천위이지요."

서애 유성룡은 서기 1542년(중종 37년)에 의성 사촌리의 외가에서 출생한다. 서애선생의 모친은 태중에 꿈속에서 '부인은 귀한 자식을 낳을 것이오' 하는 소리가 공중으로부터 들려오는 것을 들었다고 한다.

서애 유성룡은 4세 때부터 글을 읽기 시작하며, 17세 때 현감 경의 딸 이씨를 부인으로 맞는다.

그가 처음 퇴계 이황을 뵙는 것은 그의 나이 21세 되던 해 9월이다.

그는 25세 되던 해에 급제하여, 승문원 권지 부정자에 보임된다. 그리하여 영광으로 점철된 벼슬살이를 시작하는 것이다. 그가 타계한 것은 1607년, 그의 나이 66세 되던 해의 일이다. 그는 안동부 서쪽의 수동리에 묻히며, 위패가 병산서원에 봉안된다. 그에게는 문충이라는 시호가 내려진다.

4. 풍산유씨 겸암공파의 역사와 대갓집 노종부

풍산유씨와 하회마을을 대상으로 하여 유시주 씨와 오래 이야기를 나누고, 서애종가의 유물각에 전시되고 있는 책도 좀 살펴보고 나서 우리는 겸암종가를 찾아보기 위해 밖으로 나섰다. 아직도 당당한 풍채를 자랑하고 있는 양진당 안채로 들어서자 윗방에 앉거나 누워 있던 여러 명의 여인들 가운데에서 한 할머니가 아랫방으로 해서 툇마루로 나와 우리를 맞았다. 유시주 씨는 그 할머니에게 우리를 소개하였다. ·그 할머니가 겸암공파의 종가를 지키고 있는 종부, 선산김씨였다.

나는 툇마루 위로 올라앉아서 할머니의 이야기를 듣기 시작하였
다. 질문은 거의 할 필요가 없었다. 할머니는 스스로 주제를 만들어
내며 끊임없이 이야기를 풀어나갔기 때문이다.

이야기의 실마리는 겸암종가의 안채 행랑 위, 기와 지붕에 불쑥불
쑥 솟아있는 와송이 제공하여 주었다.

"암에 좋은 거예요."

할머니는 와송을 내려다보며 말하였다. 안채의 마루 위에서는 행
랑쪽 지붕이 내려다보였다.

겸암종가 양진당 뒤쪽

"그렇지만 그냥 다 좋은 것은 아니지. 총각이 처녀한테 장가가고 처녀가 총각한테 시집가는 것처럼 배합이 좋아야 하지요. 저거를 삶은 물에 웅담이 들어가야 돼. 진짜 웅담 말이요. 진짜 우황청심환을 섞어 먹으면 열이면 열이 다 나아요. 사람들이 와서 긁어가곤 해요."

할머니는 유시주 씨와 같이 와송에서 불로초로, 불로초에서 지붕의 기와로 넘나들며 이야기를 이어나가고 있었다.

나는 그런 할머니를 조심스럽게 살펴보았다. 반듯하게 빗어넘긴 머리칼, 은빛으로 반짝이는 그 머리칼은 지금은 숱이 풍부한 것 같아 보이지는 않았지만, 젊었을 때에는 달랐을 것이었다. 갸름한 계란형의 얼굴, 오똑하면서도 날카롭지는 않은 콧날, 시원시원한 이목구비, 깊지 않은 주름살, 커다란 키, 날씬하면서도 강건한 몸체, 활달한 태도…… 80세를 넘긴 오늘날까지 유지되고 있는 그러한 할머니의 덕목들은 젊은 날 할머니의 모습을 상당히 매력적인 것으로 추상하게 하였다.

"열 여덟에 시집와서 예순 다섯에 영감과 사별하였지요. 그때 영감은 예순 넷이었어요. 그 양반 그래도 복은 있어서, 맏며느리 보고, 맏딸 치우고, 손자까지 보고 세상을 떴이요."

"자제 분은 몇 분이나 되십니까?"

"이리저리 뒤엎어서 8남매지요."

할머니의 남편은 유한수씨로, 1916년에 나서 1980년에 타계하였다. 그는 유광하에게서 태어나, 28세로 타계한 백부 통덕랑 필하의 양자가 되었다. 그의 자는 문숙이다.

"하회로 시집올 것은 생각도 못했어요."

할머니가 말하였다.

"우리 고모가 하회로 시집왔는데, 분재를 80마지기 해 왔는데도 잘 살지 못했거든요. 그래 하회는 못 사는 곳, 시집갈 만하지 않은 곳으로 생각하고 있었어요. 우리 밧노친(부친)은 다른 데 시집보낼 요량이었지요. 다른 데 혼인 이야기가 다 되어 있는데 조부께서 하회로 결정을 하였지요. 그 일로 밧노친하고 부자 분이 갈등을 하고…… 조부께서 시조부하고 결정을 하신 것이지요."

할머니의 시조부는 유시만이다. 풍산유씨 가계로 치면 26세, 겸암 유운룡의 12대 손이다. 유시만은 모하당파 직우의 아들인데, 겸암 11대 종손인 명우에게 양자로와서 겸암 12대 종손이 되었다. 명우씨는 1825년에 태어나 1858년에 타계하였으니, 향년 33세였고, 슬하에 딸아이 하나만을 두었다. 유시만은 자가 원일이고, 1863년에 태어나 1933년에 타계하니, 향년 71세였다. 그는 1900년에 통훈대부

영릉참봉이 되며, 1906년에 통정대부 비서감승이 된다.

"조부께서는 시조부하고 대궐에서 상감 앞에서 다투었다고 해요. 조
부께서는 유승지하고 이번에 맺힌 것을 풀어야 한다고 생각하였지요.
그래서 억지로 하회하고 혼인을 결정하셨던 것이어요."

그러니까 김씨 할머니는 일종의 정략결혼을 하였던 모양이다. 그
러나 두 명의 승지가 임금 앞에서 다투었다고 할 때, 무어 그리 크게
원한 살 말들을 하였을 것인가? 더구나 그 딸이 이미 하회로 시집을
와서 사돈관계를 맺고 있는 사이에 말이다. 그러니 이 말은 아마도
내세운 핑계에 지나지 않고, 사실은 하회에 그 손녀를 시집보내고
싶은 마음이었으리라! 그만큼 김승지의 마음속에는 하회의 풍산유
씨 가문이 좋게 보였으리라는 점을 이것을 통하여 추측할 수 있지
않을까 싶다.

"여자 벼슬은 불천위 가문의 대종부만한 것이 없다. 남자 정승 하는
것과 같다."

이 말은 며느리를 얻을 때 사돈이 그 딸, 그러니까 할머니의 며느
리에게 들려준 것이라 한다. 세월이 달라져서 종부로 시집 보내려는
사람들이 거의 없어졌는데도 며느리의 아버지는 그런 말로 달래며

딸을 풍산유문으로 시집을 보냈다는 것이다.

그런데 이 말은 비단 할머니의 사돈이 그 딸에게 들려주고 싶었던 말만은 아닐 것이다. 그것은 필시 할머니의 조부이신 김승지의 마음 속에도 담겨져 있었던 말일 것이다. 혼인이라는 것이 한 남자와 한 여자의 결합이 아니라 집안과 집안의 결합이며, 가문과 가문이 인연을 맺는 것이라고 생각하는 이런 의식은 옛 사람들에게는 어떤 무엇보다도 절대적인 의미를 갖는다고 할 수 있을 터이다.

어쨌든 할머니는 조부의 강제(?)로 떠밀리다시피 하회로 시집을 왔다고 한다.

"요객으로 오기를 모두 피해서 조부께서 요객으로 오셨어요."

할머니가 말하였다. 부친을 비롯하여 선산김씨 가문의 남자들은 다 이 결혼을 끝까지 마땅찮게 생각하였다는 증거라고 하겠다.

"안노친 돌아가시면서 내 몫으로 남긴 열 다섯 마지기하고, 약 사·오십 마지기 분재를 해 가지고 왔어요."

할머니의 친가는 넉넉한 살림살이를 갖추고 있었다고 한다. 친정이 있는 들성에서는 남의 땅 밟지 않고 살 정도였다는 것이다. 그러나 할머니의 남편 한수 씨는 그것이 불만이었던 모양이다.

"처가 재산 못 쓴다고 다 팔아서 하룻밤에 날렸어요."

할머니는 남편 한수 씨에 대해 불만이 많은 모양이었다. 그러나 그렇게 불만을 토로하는 마음의 바탕 속에 일정한 친애감이 깔려있다는 것은 누구라도 알 수 있는 일이었다.

"나는 평생동안 친정에 다섯 번밖에 못 갔어요."

할머니는 손가락을 꼽듯이 짚어 나갔다.

"근친을 갔고, 조모상 치르고 3년 날 때, 아버님 대상 때, 맏동생이 죽었을 때……"
"처갓집은 부자고 당신께서는 어려우니까 못 가게 하셨던 것 아닙니까?"

내가 말하였다.

"외손이기도 하니 거리낌없이 들고나더라도 상관이 없었을 터인데……"
"외손이라니요?"

"그것은 이렇습니다."

유시주 씨가 거들어서 말하였다. 유시주 씨의 말과, 김씨 할머니의 말을 종합하여 보면 이러하다. 겸암 유운룡은 5남매였는데, 둘째가 서애 유성룡이고, 셋째는 여동생이었는데 이씨에게로 출가를 하였고, 넷째도 여동생이었는데 들성으로 시집을 갔다는 것이다. 김씨 할머니는 그 들성으로 시집간 여동생의 후손이니, 겸암종가의 외손이 아니겠느냐 하는 것이었다.

할머니의 이야기는 본격적으로 들성에서의 소녀시절로 넘어가고, 한참을 돌고 돌아서 다시 하회로 돌아왔다.

"자랑은 아니지만 하회 같은 데는 없어요."

자랑은 아니라는 사족을 달았지만 김씨 할머니는 본격적으로 하회 자랑을 해볼 심산인 모양이었다.

"종가에 대한 향념, 불천위 제사…… 여러모로 봐서 뽄볼 것이 많아요. 첨에 딱 여기 오니 어른들이 날 보러오는데, 두루막만 입고 오는 사람이 없어요. 종부 보러오는데, 도포 안 입고 오는 사람이 없어. 친정가면 그 자랑은 해요. '하회 가면 풀잎이 떨고 시집살이 되다 하더니 뽄

볼 게 많다. 다들 갓 쓰고 도포 입고 온다', 그렇게 말이요."

아닌게 아니라 김씨 할머니의 마음속에는 하회의 풍산유씨 겸암
공파 종가의 종부라는 자리가 어떤 무엇보다도 커다란 무게를 갖는
것으로 놓여져 있는 모양이었다.

"나도 나누어 주지는 못하지만 지손들한테 마음을 다합니다."

90을 바라보는 나이에도 젊은이 못지않게 정정하였다. 꼿꼿한 자
세와 힘이 실린 목소리 등이 그것을 증명해 주고 있었다. 그러한 모
습은 아직도 할머니가 말씀하시는 예의 그 대갓집 살림살이를 이끄
는 종부로서의 임무를 충실히 수행하고도 남을 듯한 느낌을 주었다.

5. 겸암종가
— 양진당 이야기

겸암종가는 입구자 형식의 건물이 나란히 가로로 두 개 붙어있는
형상을 갖추고 있다. 바깥채와 안채가 가로로 붙어있는 것이다. 그

각각의 건물은 따로 들어가는 입구를 가지고 있고, 또 서로 통하는 측문도 열려 있다.

안채의 한가운데에는 거의 정사각형 모양의 안마당이 있다. 안마당의 한가운데는 사각의 시멘트 대를 만들어 놓았는데, 그 위에는 크고 작은 독들이 죽 늘어서서 대갓집의 살림살이 규모를 자랑하고 있다. 마당에 서서 보면, 높이 보이는 마루의 끝 쪽으로 처마 끝에 난간을 달아매고 그 위에 30여 개의 일인용 반들이 죽모로 올려져 있는 것이 보인다. 아직도

경암종가 행랑채로
가는 일각문

경암종가 안뜰

제의가 있을 때 사용하는 반이라 한다. 그것은 아직도 이 집안에서는 조상숭배를 중심으로 하는 전통적인 의례들이 삶의 모습을 유지하고 있는 것이라는 점을 웅변으로 증명해 주는 표징이다.

서쪽에는 밑에 빈 공간을 두고 위에 다락방 같은 형식의 마루방이 가설되어 있는 것을 볼 수 있다. 그 다락방의 마루 끝은 높은 뜨락의 한 쪽과 단층을 이루고 있어서, 그곳을 올라가려면 뜨락 끝에서 마루방의 난간 끝을 잡고 크게 발을 걸쳐 올리고는 용을 써야 할 것만 같다.

안채는 깨끗하고 반듯하게 유지되고 있다. 안채의 구석구석에 집주인의 손길이 빈틈없이 미치고 있음이리라.

겸암종가에서 가장 눈여겨 볼 필요가 있는 건물은 양진당이다. 입암고택이라는 큰 글씨 현판을 정면에 달고 있는 건물, 양진당의 아

겸암종가 사당

겸암종가 안 마루 시렁 위에 놓인 상들

래쪽은 축대 위에 완전히 떠올라 있는 형국이다. 동쪽으로 세 칸 넓이의 마루가 있고, 서쪽으로 한 칸의 방이 있다. 방과 마루는 일자로 이루어져 있고, 문과 벽으로 완전히 막혀 있다. 앞쪽으로는 좁은 난간마루가 일선으로 만들어져 있다. 마루의 한쪽 끝은 굽어진 공간을 통해 안채 마루와 이어진다.

넓고 서늘한 마루방 안, 서까래와 지붕을 꾸민 장식들이 조용히 어울려 차분한 분위기를 자아낸다. 동쪽 벽면에는 하회마을 전경을 담고 있는 대형 사진이 옆으로 길게 붙어 있고, 북쪽 벽면에는 활달하고 멋진 글씨체의 양진당 현판이 걸려 있다. 넓은 마루방은 햇살이 비치는 밖과는 아주 다른 세상이다. 거기 깊숙이 앉아서 문을 열어놓고 바람을 희롱하는 기분은 얼마나 상쾌할 것이겠는가? 마루방의 동·서·남 쪽으로는 나무문이 여럿 만들어져 있다. 그것들을 완전히 열어놓는다면, 양진당은 아주 매혹적인 여름의 공간이 될 것이다.

양진당의 북쪽 문 방향으로는 나무로 단이 만들어져 있다. 문지방에 이를 정도의 높이이다. 북쪽 문을 통해서 후원으로 잘 나갈 수 있게 만들어 놓은 장치이리라.

후원으로 나가 보았다. 넓은 밭들이 펼쳐지고, 담장 끝 쪽으로 사당 두 채가 나란히 붙어 있다. 입암과 겸암이 다 같이 불천위이니 한 사당에 모시지를 못하고 사당을 따로 지어 모시는 것이라 한다. 불천위가 둘이면 별묘를 설치한다는 예를 여기서 확인하게 되는 셈이다. 사당 앞쪽으로, 양진당의 동쪽 측면을 타고 길게 뻗어 있는 밭에는 아름드리 은행나무가 넌출진 모습을 자랑한다.

울 안에 넓은 밭을 싸안고 있으며, 거기 수령이 몇 백년이나 되는 나무를 키우고 있는 집, 그것이 바로 겸암 종가이다. 환상적이지 않은가?

양진당에서 본 솟을 대문

6. 서애종가

— 충효당 이야기

서애 유성룡은 30세 때 병조좌랑 직책을 맡고 있었는데, 잠시 여가를 얻어서 돌아왔다. 이때 그는 낙강의 서쪽에 있는 절벽(서애)에 서당을 지으려고 했으나, 땅이 비좁아서 결국 짓지 못하였다. 이때부터 스스로 서애를 호로 쓰기 시작하였는데, 낙강의 서애는 훗날 상봉대라는 이름으로 불리워지게 된다.

하회에 집을 세우고자 하는 서애의 노력은 계속하여 이어진다. 처음 결실은 원지정사라는 다섯 칸짜리 당이다. 서애의 나이 34세 때, 홍문관 교리직을 받았을 때 길에서 사직소를 올리고 돌아와서 하회촌의 북쪽 강기슭에 지은 집이다. 그러나 원지정사는 서애의 마음을 만족시키지 못하였다. 집을 짓고자 하였던 것은 그 자체에 목적이 있는 것이 아니라 가르칠 곳을 갖고자 하였기 때문이다. 서당을 짓고자 했다는 말이다.

서애가 처음으로 지은 서당은 남계서당이다. 군위의 선영 남쪽에 세웠다. 서애 나이 45세 때의 일이다. 그렇지만 군위에 서당을 짓는 것도 그의 목적은 아니었다. 군위는 하회로부터 너무 멀리 떨어져 있었다. 하회에 서당을 짓는 것이 서애의 목적이었다.

하회에 서당짓기는 군위의 남계서당과는 별도로 진행되고 있었

원지정사

다. 이미 하회에 지은 원지정사는 마을과 너무 가까운 곳에 있었다.
그러므로 그곳에서 북쪽으로 더 나아가 북담에 작은 집을 짓고 노년
을 보내며 학생들을 가르칠 꿈을 꾸었다. 탄홍이라는 중이 그 일을
맡아 해주겠다고 자청하였다.

그래서 10년을 투자하여 완성시킨 것이 옥연서당이다. 역시 서애
나이 45세 때의 일이다.

옥연서당은 서애 만년의 의지처가 된다. 임란이 끝나고 여러 가지
우여곡절 끝에 삭탈관작된 서애는 주로 옥연서당에 돌아와 머물렀
다. 〈년보〉에는 옥연과 관계된 여러 가지 사적이 언급되고 있다. 옥
연에서 나와서 객을 맞았다던가, 옥연으로 돌아왔다는 등의 기록이
그것이다. 〈년보〉의 60세 조항에 보면, '대부인을 선생의 집에 옮겨

모셨다'는 기록이 나오는데, 옥연서당 말고 하회에 서애의 집이 따로 있었는지는 의문이다. 57세 때 삭탈관작된 서애는 58세 때 직첩이 되돌려지고, 63세 때 복직되어 부원군에 봉하여지며, 공신 호가 주어진다.

서애의 나이 64세 때 하회는 수해를 당하므로, 서애는 서미동으로 옮겨 기거하였고, 65세 때는 서미동에 초옥을 지었다. 그리고 66세 때 그곳에서 타계하였다. 시호는 문충이다. 위판은 병산서원 등 여러 서원에 봉안되었다.

우리는 오늘날 병산서원을 서애와 관련지어 떠올린다. 그러나 병산서원은 원래 서애나 하회의 유씨가문과는 아무 관계가 없다. 병산서원의 전신은 풍악서당이다. 풍악서당은 서애 이전부터 풍산에 있었는데, 관도 변에 있으므로 조용히 학문하기에 적합하지 않다고 해서 서애가 풍산현의 유자들을 설득하여 현재의 장소로 옮겨 지은 것이다.

  풍악서당은 고려 때부터 안동부 풍산현에 있었던 것…… 공민왕이 홍건적의 난을 피하여 이 지방으로 왔을 때 이 서당에서 유생들이 면학하는 모습을 보고서 가상히 여겨서 '사패지'와 여러 서책들을 하사…… 서애가 1572년에 현재 위치인 안동부 풍산현 병산리에 이건하고 이름도 병산서원으로 고쳤다."

《안동 하회마을》에서 임재해 교수가 하고 있는 말이다.

  이렇게 보면 서애 유성룡이 하회에 직접 지은 집은 원지정사와 옥연서당밖에 없는 셈이다. 지금의 서애종가인 충효당은 후에 지어진 집이다.

  충효당은 보물 제414호이다.

  이 건물은 임진왜란 때 영의정으로 국난을 극복, 나라를 구한 서애 유성룡(1542 ~ 1607) 선생의 종택이다. 선생은 일생을 청빈하게 지내다 삼간초옥에서 별세한 후 그를 흠모하는 유림의 힘을 입어 졸재 유원지 (1598 ~ 1674) 공이 처음 창건하였고, 그 후 증손인 익찬 유의하 공이 확장 중수하였다. 전체 52간의 목조 와가로 조선시대 중엽의 전형적인 사대부 가의 집이다. 서애선생의 유품 중《징비록》은 국보 132호, 문헌은

하회 충효당

보물 제 160호, 유물은
보물 제 460호로 각각 지
정되어 유물전시관인 영
모각에 전시되고 있다.
충효당의 현판은 명필인
허목의 글씨이다.

충효당 현판

충효당 앞에 세워져있는
안내판의 기록이다.

　서애 유성룡의 가계는 장수도찰방을 지낸 여, 진안현감을 지낸 원
지, 익위사익찬을 지낸 의하, 동몽교관을 지낸 후상, 산청현감을 지
낸 성화, 동지중추부사를 지내고 풍창군에 봉해진 운, 첨지중추부사

서애종가 행랑채

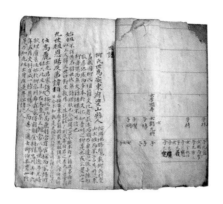

서애가 편집한 〈영모록〉: 조선전기 족보간행이 성행되기 이전에 풍산유씨 가승을 기록한 책

를 지낸 종춘, 병조판서를 지내고 풍안군에 봉해진 상조 등으로 이어져 나간다.

충효당은 하회마을 서남쪽 끝부분에 양진당과 더불어 나란히 붙어 있다. 양진당은 남향을 하고 있고, 충효당은 양진당 쪽을 향하여 조금 방향을 틀어서 자리잡고 있다. 그러니까 남서향을 취하고 있는 셈이다.

원래 충효당은 사랑채, 그러니까 충효당과 영모각만 개방되어 있었다. 안채는 작은 문에 의해 차단되어서 내방객이 들어갈 수 없게 되어 있었다. 그랬던 것이 영국여왕의 방문 이후 굳건히 닫혀 있던 안채의 문도 열려, 이제는 안채도 잠시 돌아볼 수 있게 되었다. 영국여왕이라! 영국여왕과 하회마을 방문객의 폭발적인 증가라! 이것은 우리가 풀어내지 않으면 안 될 화두이다. 허허! 큰 소리로 웃어보기나 할까? 충효당에 걸려있는 현판은 미수 허목의 글씨이다. 그림처럼 색다르고 멋지다. 나는 충효당 현판글씨의 선에서 이중섭의 선 그림을 떠올렸다. 너무 동떨어진 감상일까?

충효당은 작고 아담하다. 막 양진당을 보고 나온 탓인지, 그 작은 규모가 큰집 작은집을 가르는 질서라도 되는 것처럼 여겨진다.

서애종가의 안채는 겸암종가의 안채와 같은 구조이다. 안채의 ㅁ자형 안마당에는 겸암종가에서도 보았던 목단이 흐드러지게 꽃을 피우고 있다. 겸암종가에서도 그러하였지만, 서애종가에서도 목단은 어린애 머리만큼이나 큰 꽃을 수도 없이 매달고 있다. 겸암종가 안마당에서는 한 그루였지만, 여기서는 두 그루이다.

서애종가도 담 안에 넓은 밭을 싸안고 있다. 그렇게 서애종가는 많은 면에서 겸암종가와 닮은꼴이다.

IV. 고성이씨 가문의 종가들

1. 정상동에서 일어나고 있는 일

안동시내 쪽의 낙동강변에 서서 바라보면, 물 건너 동쪽 끝에 자리잡고 있는 마을이 보인다. 정상동이다. 산과 골짜기의 끝이 낙동강과 만나 제방 속으로 잦아드는 곳, 건너편 제방에서 보면 거기 어디 마을이 있을까 싶기까지 한 곳, 물길을 건너서 산기슭까지 나아

귀래정 주변의 모습

가 보아야만 겨우 그곳에 마을이 있고, 집들이 있음을 알아챌 수 있는 곳, 그곳이 바로 안동시 정상동이다. 이제까지 정상동은 그렇게 안동의 오지에 속하였다. 동에서 서로, 낙동강 북쪽을 따라 일선으로 펼쳐진 안동의 도시 형상은, 겨우 물줄기 하나를 사이에 두고서도 시내냐 시외냐를 가를 수밖에 없는 협소한 규모를 갖추어낸 것이 고작이었다. 도시는 좌우 일직선으로 펼쳐지기만 하였지 앞과 뒤로 부피를 키워내지는 못하였던 것이다.

그러나 이제는 모든 것이 달라지고 있다. 용상에서 정상동을 향하여 나아가는 다리가 놓여짐으로써, 이제 안동에서도 낙동강을 사이에 두고 양쪽으로 도시가 성장하여 나가는 시대가 열린 것이다. 안동의 도시규모가 확대되어 나가고 있는 증거라고 하겠다.

안동의 도시 규모가 확대되어 가는 것은 주변 농촌지역이 더욱 빠르게 해체되어 간다는 점을 의미한다. 이제까지 안동은 몇 십년 동안 하나도 변한 것이 없다고 불만하여 오던 사람들은 이제는 다른 말을 준비하지 않으면 안 된다. 주변 농촌마을을 해체시키면서 안동지역의 도시 집중화 현상이 일어나는 것은 바람직한 일이 아니기 때문이다.

어쨌든 낙동강 북쪽 제방 위에 서서 보면, 건너편에서는 대역사가 벌어지고 있다는 사실을 우리는 어렵지 않게 확인할 수 있다. 서너 개 산자락을 넓게 깎아서 택지를 조성하고 있는 모습은 을씨년스러움조차 느끼게 한다. 산자락이 무참하게 잘리운 산들의 비명소리가 들려오기도 하고, 속절없이 드러난 황토의 속살이 안스럽게 눈에 들어오기도 한다.

2. 안동의 고성이씨

그 산자락의 비명소리와 황토의 속살이 드러내 보여주는 안스러움의 파장 한가운데에는 고성이씨 종가가 자리잡고 있다. 정상동의 한 끝, 낙동강의 남쪽 강변을 북쪽 울타리 안으로 끌어들여 터 잡고 있는 집, 고성이씨 종가는 시멘트를 이용하여 한옥 모양으로 새로 지은 집이다. 당당한 위용을 자랑하고 있는 고성이씨 가문의 오래된 정자 옆에 이질감이 느껴지는 새 집이 한 채 서 있으니, 누가 보더라도 종가보다는 정자가 중심이라고 할 수밖에 없을 것이다.

"종택은 원래 요 위의 고아원 자리에 있었습니다."

종손 이인형 씨는 말하였다.

"6·25때에 떠났다가 다시 들어왔지요. 종손이 떠나고 없으니까 귀래정이 고아원 아이들 놀이터가 되어버려서, 문중 어른들이 정자 옆에 작은 집을 지어서 들어와 살게 되었지요."

원래 고성이씨 일문이 안동에 내려와 살게 된 것은 이인형 씨의 19대조가 되는 이증으로부터이다.

고성이씨(철성이씨)가 안동으로 이거하여 와서 정착하게 된 것은 단종 1년 계유(1453) 진사시에 합격하여 진해·영산 두 고을의 현감을 역임한 이증이 벼슬을 그만둔 뒤 안동 산수의 아름다움을 보고 부성(안동부의 성) 남문 외(밖)에 우거(자리잡음)하여서 였고, 뒤에 성동(성의 동쪽) 법흥동으로 이가(집을 옮김)하여 정착하게 되었다고 한다."

서주석 씨의 기록이다.

고성이씨 귀래정 종가:새로 지은 시멘트 집이다.

이 기록 속에서 '성의 남문 밖에 자리잡았다'는 '귀래정'을 뜻하고, '성의 동쪽인 법흥동으로 옮겼다'는 '임청각'을 의미한다.

이증은 고성이씨 11세 이원의 여섯째 아들이다. 이증은 영낙 기해년(1419년) 출생으로, 영산 현감을 거쳤으며, 이조참판을 증직으로 받았다. 그는 성화 경자년(1480년)에 62세로 타계한다. 배위는 경주 이씨인데, 《고성이씨 세보》에는 슬하에 5남 1녀가 기재되어 있다. 그는 안동으로 낙향하여 향리의 나이 많고 덕이 높은 12명의 사람들과 친교를 맺어 향계를 만들었다고 한다.

이증의 장남은 이평인데, 함창, 보은, 평택의 수령을 거쳤고, 승정원 도승지 겸 경연 참찬관 상서원 정이라는 증직을 받았으며, 정통 경신년(1440년)에 출생하여 홍치 신해년(1491년)에 타계한다.

"맏집은 무오사화에 연루되어 피해를 당했습니다."

귀래정 종가를 지키고 있는 종손 이인형 씨가 말하였다.

《세보》에 따르면 무오사화에 연루된 사람은 이평의 장남 이윤이다. 이윤은 자가 자백이고, 호가 쌍매당이며, 성화 병오년에 문과 출신하여, 부제학을 지냈다. 그는 점필재(김종직)의 문하에서 공부를 하였으며, 무오년에는 대사간으로 있다가 사화에 연루되어 거제에 유배되었다. 그 이후에 그는 영산을 지날 때 마고리에서 묵었는데, 그 절경에 반하여 그곳에 자리잡고 살게 된다.

그러나 이윤은 무오사화로 인하여 재기할 수 없을 정도의 타격을 받은 것은 아닌 모양이다. 그는 나중에 다시 벼슬아치의 생활로 돌아가는 것을 확인할 수 있는 것이다.

《세보》에 따르면 명나라 무종이 그를 불러서 조선의 산천에 대하여 물었을 때, 이윤은 마고리 기지를 그림으로 그려서 올렸는데, 무종은 그것을 풍수가에게 보였고, 풍수가는 그 지리가 중국의 마고와 같으며 그림 속 시가 뛰어난 자연 사랑을 담고 있는데 탄복하였다고 한다. 이 기록을 통하여서 우리는 이윤이 무오사화에 연류되었다가 나중에 복권되며, 중국에 사신으로 가서 이러한 일화를 남기고 있는 것이라는 사실을 확인할 수 있다.

　"맏집은 청도에 살아요."

이인형 씨가 말하였다.

　"숫자도 제일 많지요. 맏집 후손이 우리 양 문중(귀래정과 임청각) 합친 것보다 몇 배 많아요."

귀래정 종가는 이증의 둘째 아들 이굉의 후손이다.

　"자는 심원이고, 호는 낙포이다. 정통 신유년(1441)에 출생하여 25세에 진사가 되고, 40세에 문과에 급제하였다."

《세보》에 적힌 이굉에 관한 기록이다.

"1480년(성종 11년) 식년 문과에 병과로 급제하여 전적이 된 뒤, 군위 현감…… 청도군수…… 등을 지냈다. 1500년(연산군 6)에는 사헌부 집 의를 거쳐 예빈시 정, 승문원 판교, 상주목사를 역임한 뒤, 1504년 갑자 사화에 김굉필 일당으로 몰려 관작이 삭탈되었다. 1506년 중종반정 뒤 다시 기용되어 충청도 병마절도사, 경상좌도 수군절도사, 개성부 유수 등을 지냈고, 1513년(중종 8)에 나이가 많아 사직한 뒤 고향인 안동에 내려가 '귀래정'이라는 정자를 짓고 그곳에서 풍류생활을 하였다."

《한국민족문화 대백과사전》의 기록이다.
'귀래정'이라는 이름은 어디서부터 오는 것인가?

도정절공(도연명)의 '귀거래사(자연으로 돌아가고자 함)'의 뜻을 취 하였다. 이굉은 병자년(1516) 4월 6일 타계한다.

《세보》에 적힌 기록이다.
그러니 '귀래정'은 이굉이 만년에 지어놓고 즐기던 곳이라고 하 겠다.

이증의 셋째 아들 이명은 임청각 계열과 연결된다.

이명은 숙부인 남평문씨와 사이에서 여섯 아들을 둔다.

큰 아들은 이요이다.

　　"자는 희망이고, 문과 출신이며, 비안 현감, 초계군수를 지냈다. 품
　　계는 통정대부이다."

《세보》의 기록이다.

　　"임청각의 맏집은 경남 초계에 살지요."

'귀래정' 종손인 이인형 씨가 말하였다.

　　"안동으로부터 이주하여 초계 매촌에 살았다."

《세보》의 기록이다.

　　"임청각은 종손이 객지 나가 있고, 딴 사람이 들어와서 살고 있지요.
　　일도 문중에서 처리하고……"

이인형 씨가 말하였다.

"전체적으로 임청각 후손이 우리보다 열 배쯤 많아요."

이인형 씨는 족보를 짚어보이며 말을 이어갔다.

"우리는 가보(족보)를 새로 한지가 이십 수년 되는데, 그때 유수공 (귀래정) 후예가 4백 명 정도밖에 안됐어요. 우리 가계에는 후손이 없 는 경우가 많고, 외동이가 많지요. 대수로는 18대인데, 남자가 아이까 지 쳐서 총 4백 명 정도밖에 안되니, 후손이 번성하였다고 할 수 없는 것 아니겠어요?"

3. 귀래정 종가

"시조는 경남 고성에 계십니다. 1세부터 5세까지는 묘소가 실전이지 만, 6세부터는 묘소가 확실하지요."

이인형 씨가 말하였다.

고성이씨의 시조는 이황이다.

위엄있는 모습으로 낙동강을 북으로 굽어보며 서 있다.

귀래정 현판

조선 연산군 6년(1500년) 개성부 유수를 지낸 이굉 선생의 유덕을 기리기 위하여 건립된 정자로 정면 2칸, 측면 2칸, 배면 4칸의 ㄱ자형 팔작지붕으로, 전면 4칸에는 넓은 우물마루를 두었으며, 배면은 온돌방으로 꾸몄고, 마루 주위에만 두리

귀래정 앞에 있는 낙포 이굉의 신도비

기둥을 사용하였고, 그 외는 모두 각주를 사용하였으며, 창문에 중간 설주가 남아있는 것이 이 정자의 특징……

귀래정 안내판의 기록이다.

지금 귀래정 앞에는 이굉의 신도비가 하나 더 서 있다. 원래 묘지 앞에 있던 신도비를 이장 하면서 정자 앞에 가져다 세워놓은 것이다.

귀래정의 동쪽 쪽문으로 들어가면 좁직한 마당의 서쪽 끝에 커다란 은행나무 하나가 버티고 서 있는 것이 보인다. 은행나무는 울타리 속에 파고 들어가 있다. 몸체의 반은 마당 쪽에 자리잡고 있고, 몸체의 다른 반은 울타리 밖에 나가 있다. 은행나무가 울타리의 한 부분을 이루고 있는 셈이다. 은행나무는 82년에 동나무로 지정되었다. 수령이 3백년쯤 되었다고 하는데, 그보다 더 되어 보이기도 한다. 수세는 아주 좋다.

시선을 북쪽으로 돌리면, 귀래정이 한눈에 들어온다. 동서 방향으로 일선을 이루고 있는 지붕의 한가운데 삼각형의 용마루가 치솟아 있다. 그 모습은 나에게 낯설게 다가왔지만, ㅜ자형 건물의 지

귀래정 은행나무

붕을 뒷면에서 보는 것이니, 그런 형상을 이룰 수밖에 없는 것이라고 하였다.

뾰족한 삼각형 형상의 지붕 아래쪽으로 나 있는 큰 문을 통하여 안으로 들어가 보았다. 정자는 안팎이 다 빠짐없이 색이 칠하여져 있었다. 서까래는 쑥색이고, 들보는 갈색이다.

"원래부터 칠이 되어 있었나요?"

내가 물었다.

"어른들이 페인트를 칠해 놓은 것이지요. 벗겨내려고 하여도 방법이 없어서 그대로 두고 있습니다."

이인형 씨가 말하였다. 오래된 정자에 단청도 아니고 페인트칠을 하였다는 것은 적절한 조치라고 하기 어려운 일이었다. 페인트가 목재의 부식을 막는 효과가 있을런지는 모르지만, 건물의 품격을 해치는 것 또한 사실이기 때문이다.

뒤쪽, 일선으로 뻗어있는 지붕 밑은 셋으로 나뉘어져 있었다. 중간은 길쭉한 방이었고, 양쪽으로는 작은 방이 날개처럼 만들어져 있었다. 그 길쭉한 중간방은 같은 폭으로 앞으로 쑥 튀어나가서 마루방으로 지어져 있었다. 그것은 상당한 넓이였는데, 그곳이 바로 정자의 중심이었다.

정자 안쪽의 지붕 밑으로는 현판들이 빠짐없이 달려 있었다. 시를
새겨넣은 글판들이었다.

"여기 이것은 다 우리 집안 어른들 것이지요."

이인형 씨가 그 가운데 북쪽으로 걸려있는 것들을 가리키며 말하
였다.

"여기 이 아홉 개는 우리 집안 어른들 시예요. 귀래정 어른 후손들의
것이지요. 9대 문장은 우리집밖에 없었다고들 했어요."

시판들 가운데는 이현보와 이우의 이름도 보였다.
귀래정 바깥 쪽마루에서는 북쪽으로 낙동강이 그대로 굽어 보였다.

"원래는 이 밑에까지 물이 들어왔었지요."

이인형 씨가 말하였다.

"저기서 쏟아져내린 물길이 이리로 휘돌아서 나갔어요. 양쪽 물길이
만나서 강의 남쪽 벽을 치받으며 휘돌아 나가는 곳이 여기 귀래정 자리

이지요. 귀래정은 물길이 부딪히며 휘돌아 나가는 암벽 위에 서 있는 것이예요. 이 아래 물이 아주 깊었어요. 바로 물 위에 귀래정이 서 있어서, 저 건너에서 보면 물 가운데 들어서 있는 것 같이 보였어요. 안동댐 만들어지기 전에는 그랬지요. 안동댐이 만들어지면서 물길이 바뀌어서 지금은 강물로부터 멀리 떨어지게 되었지만, 전에는 이 밑의 소에서 이런 잉어들을 잡곤 하였어요."

이인형 씨는 팔뚝을 들어 보였다.

"낙동강 7백 리라고 하는데, 여기서부터 바다까지가 7백 리예요. 여기서부터 황지까지가 6백 리이고요. 여기가 두 물줄기가 합류하는 곳이니, 여기서부터 낙동강 길이를 재는 것이지요."

이인형 씨는 귀래정 자랑이 대단하였다. 과연 귀래정은 그의 의식의 중심을 장악하고 있는 모양이었다.

귀래정을 지은 이굉은 진천송씨와 사이에서 2남 3녀를 두었다. 장남은 이효측으로, 자가 희인이고, 호가 쌍탄이다. 봉직랑과 전의감 봉사를 지냈다. 성화 병신년(1476년)에 태어나서 가정 갑진년(1544년)에 타계하였다. 영양남씨와 사이에서 이명정을 낳는다.

이명정은 자가 자결이고, 호가 와탄이다. 그는 홍치 갑자년(1504년)에 태어나서, 가정 을축년(1565년)에 타계한다.

4. 미이라, 미이라, 그리고 사랑의 편지

　귀래정 종가가 세상 사람들의 관심을 집중시킨 것은 정상동 택지 개발 사업 때문이다. 택지개발은 귀래정 종가와 관련된 묘소들을 한꺼번에 옮기지 않을 수 없게 하였고, 그 묘소들 속에서 미이라와 사랑이 절절하게 담긴 편지가 출토되었던 것이다.

　그 놀라운 일의 조짐은 주인을 알 수 없었던 묘로부터 시작되었다. 처음에는 청주정씨들이 그 묘소를 자신들의 것으로 생각하여 이장을 하려 하였고, 이인형 씨도 그것에 동의하였다. 그러나 묘지를 파헤치러 올라갔던 청주정씨들은 이인형 씨에게 곤혹스러운 목소리로 전화를 걸 수밖에 없었다.

　"이 묘소가 우리 입향조 것이 아니라 귀문의 것인 모양입니다. 이거 본의 아니게 실례를 하여서 죄송합니다. 어떻게 하지요?"

이인형 씨는 모골이 송연해 지는 느낌이었다.

　"조상들의 묘소를 지키지 못하여 오래 무연고 묘로 방치해 두었고, 결국 다른 가문 사람들의 손에 의해 파헤쳐지게 하였다."

그는 부끄러움을 견딜 수 없었다.

"더 이상 건드리지 말고 가만히 있어요."

이인형 씨는 전화를 끊기가 무섭게 산으로 달려 올라갔다.

"철성."

　반쯤 파헤쳐진 묘 속에서 흙을 뒤집어 쓴 채 아직도 분명한 형체를 갖추고 있는 명정의 몇 글자 속에는 철성이라는 두 글자가 또렷이 얼굴을 드러냈다. '생 고성, 사 철성'은 그의 가문의 오랜 관행이었다. 살아서는 고성이라는 관향을 쓰지만, 죽어 묘지에 묻힐 때는 철성이라는 관향을 쓴다. 그러니 철성이라는 명정의 글씨는 무덤의 주인이 그의 가문에 속한 누구일 것이라는 사실을 확인시켜 주고도 남음이 있는 명확한 증거가 아닐 수 없었다. 그러나 언제적 묘소이기에 아직 명정의 글씨가 그대로 남아있는 것이란 말인가? 이인형 씨는 그것이 그 놀라운 일의 시작이라는 점은 알지 못하고, 고개를 갸웃거리기만 하였다. 그는 청주정씨 사람들을 돌려보내고 주변에 사는 몇 명의 일가들을 불러들여 상의를 하였다. 우선은 다시 견고하게 덮어놓는 것이 최선이라는 의견이 지배적이었다. 묘지 하나만 우선 이장하는 것도 그리 좋은 방법은 아니었지만, 무엇보다도 묘지를 옮길 준비가 되어 있지 않았다. 조상들의 묘를 옮겨놓을 좋은 산을 아직 구하지 못한 것이었다.

오랜 시간을 투자하여 산을 구한 다음에 이인형 씨는 윗대로부터 이장을 시작할 수 있었다. 처음에 이장은 기계적으로 진행되었다. 그러나 입향조로부터 3대째, '명'자 '정'자를 쓰는 할아버지 묘소를 파면서부터 일은 더 이상 기계적인 것일 수 없게 되었다.

흙이 유난히 부드럽고, 회곽이 너무 단단한 느낌이었다. 그리고 그 회곽 속에서 원형을 거의 그대로 간직하고 있는 관이 나왔을 때, 사람들은 침묵하지 않을 수 없었다. 천년의 반이나 되는 세월을 훌쩍 지내버리고도 여전히 관이 목질의 결을 그대로 유지하고 있다는 것은 믿을 수 없는 일이었기 때문이다. 그러나 정작 놀라운 일은 아직 시작되지도 않고 있었다. 관을 열어젖혔을 때, 사람들은 경악하지 않을 수 없었던 것이다. 머리칼과 치아, 손톱 발톱은 물론이고, 몸체의 살결까지 그대로 느껴지는 할머니의 시신이 눈에 들어왔기 때문이다.

"미이라다!"

사람들은 소리쳤다. '명자' '정자' 쓰는 할아버지의 배위인 일선 문씨가 마치 살아있는 듯한 모습으로 누워 있었던 것이다.

그것은 고성이씨 일문의 이장작업이 전국적인 소문의 중심에 놓

이응태의 형
이응태 '만시'

외관

원이 엄마가 남편에게 보내는 편지
병술년(1586년) 유월 초하룻날 부분

이응태묘 출토

여지는 시발점이 되었다. 텔레비전 카메라가 들어오고, 학자들이
다투어 찾아들었다. 학자들은 이토록 완벽한 상태의 미이라가 발견
된 적이 없다며 흥분을 감추지 못하였다. 의복과 장신구의 상태도
좋았다. 미이라 상태로 보관할 수 있는 길을 찾아보자는 사람들도
있었으나, 그것은 간단한 문제가 아니었으므로, 결국 어담에 새로
마련한 묘지로 이장을 하였다.

　사람들의 흥분은 이인형 씨의 것이기도 하였다. 이제 이인형 씨에

게 이장작업은 더 이상 기계적인 일일 수 없었다. 그는 매일의 작업에서 또 다른 조상님의 미이라를 보게 되지나 않을까 하는 기대를 떨쳐버릴 수 없었다. 그러나 더 이상 놀랄 만한 일은 일어나지 않았다. 그와 산일에 종사하는 사람들은 조금씩 평상을 되찾아 갔다. 그리하여 다른 일은 다 끝이 나고, 마지막으로 한 기의 묘만이 남게 되었다. 바로 그 무연고 묘였다. 작년에 그 묘에는 명정이 제 글자를 유지하고 있음이 확인되었었다. 결코 근래에 만들어진 묘가 아닌데도, 명정의 글씨가 남아있다는 것은 심상치 않은 일이었다.

"이 묘에서는 무엇인가 나올 것 같다."

친척들은 이구동성으로 말하였다. 그것은 또 한번 가슴 뛰게 하는 일을 경험하고 싶다는 기대의 표출이라고 할 수 있었다. 이인형 씨의 기분도 그러하였다. 이인형 씨는 이 묘의 발굴을 안동대학교 박물관에 의뢰하였다. 그리고 그 결과는 이인형 씨가 기대하였던 대로였다.

무덤의 주인은 이응태였다. 이응태는 이요신의 둘째 아들이고, 이요신은 이명정과 일선문씨 사이에서 낳은 아들이다.

이요신은 자가 성유이고, 호가 남애이며, 군자감 참봉을 지냈고, 수직으로 첨지중추부사를 받았다. 그는 계미년(1523년)에 출생하여 만력 신해년(1611년)에 타계한다. 그는 숙부인 울진박씨와 사이에서

2남 3녀를 낳는데, 2남은 몽태와 응태이다.

이몽태는 자가 응진이고, 호가 죽궐이며, 참봉이다. 수직으로 동지중추부사 직을 받았다. 신해년(1551년)에 출생하여, 임오년(1642년)에 92세의 나이로 타계하였다.

이응태는 이몽태의 동생이다.

　　"31세에 요절하였다."

안동대학교 사학과 임세권 교수의 말이다.

　　"입혀졌던 옷들이 하나씩 벗겨지기 시작했다. 겉옷이 벗겨지고 속바지도 벗겨졌다. 손목의 토시가 나오고, 발에서 버선이 벗겨졌다."

안동대학교 박물관장으로 묘지 발굴을 주도하였던 임세권 교수의 흥분이 그대로 느껴지는 글이다.

이응태, 그가 미이라의 모습으로 드러난 것이다.

　　신장은 176센티였는데, 살아있을 때는 아마도 180은 훨씬 넘었을 것으로 생각되었다. 시신은 많이 부패되어 있었으나 얼굴의 모습은 그런대로 알아볼 만했다. 턱에는 짧은 수염이 나 있었고, 매우 준수해 보였다. 그러나 가슴과 복부의 내부는 텅 비어 있었고, 살은 진흙덩이처럼 부스러져 있었다.

이응태의 무덤에서는 그의 아내 원이엄마가 죽은 그에게 보내는 한글편지와, 그녀가 손수 삼줄기와 머리카락을 섞어 만든 신발, 그의 형 이몽태가 죽은 그에게 주는 시, 그의 아버지 이요신에게 보냈던 그의 편지묶음 등과, 그 밖의 여러 옷가지와 물품 등이 나왔다. 이 가운데 가장 우리의 시선을 잡아끄는 것은 원이엄마의 편지라고 할 수 있다. 병술년(1586년) 유월 초하룻날 쓴 것으로 되어 있는 이 편지에는 다음과 같은 애틋한 글귀가 쓰여져 있다.

당신을 여의고는 아무리 해도 나는 살 수 없어요. 빨리 당신께 가고 싶어요. 나를 데려가 주세요. 당신을 향한 마음을 이승에서 잊을 수가 없고, 서러운 뜻 한이 없습니다.…… 이 내 편지 보시고 내 꿈에 와서 자세히 말해주세요. 꿈 속에서 당신 말을 자세히 듣고 싶어서 이렇게 써서 넣어 드립니다.

이응태의 묘는 이렇게 살뜰한 애정을 담아 만들어졌으나, 실전되고 말았다. 이응태의 묘가 실전된 데에는 임진왜란 이후 귀래정 종가가 안동을 떠났던 게 영향을 끼쳤을 것이다.

"임란 후에 이곳을 떠나서 봉화군 법전면에 좀 살다가…… 전염병으로 몰락하였지요."

이인형 씨가 말하였다.

"증조부 때 다시 내려왔어요. 그러다가 6 · 25 때 어른이 여기를 비우
시니까 정자도 퇴락하고, 종택도 없어졌지요."

다시 귀래정의 삶터를 찾아 돌아온 이인형 씨의 증조부는 이종연
이다.

이종연은 이몽태의 12세 후손으로, 원래는 이술선의 아들이나 종
손인 이약선에게 양자 와서 종가의 가계를 이었다. 그는 흥해배씨와
사이에서 승문을 낳고, 이승문은 진주유씨와 사이에서 동욱을 낳으
며, 이동욱은 연안이씨를 배위로 하여 인형을 낳은 것이다.

이인형 씨는 의성김씨와 사이에서 만용, 윤용, 팔용, 태용을 낳
았다.

5. 임청각 종가

이굉의 후손들은 정상동의 '귀래정'을 중심으로 하여 안동에서 삶을 이어나간다. 그러나 안동의 고성이씨들은 '귀래정' 후손들만으로 한정되는 것은 아니다. '임청각' 후손들도 있는 것이다.

'임청각' 후손들은 이증의 셋째 아들 이명으로부터 시작된다. 이명은 자가 호원인데, 진사이며, 형조좌랑을 지냈고, 이조참의를 증직으로 받았다.

　　형 유수공이 벼슬을 내놓자 귀향하여 임청각을 지었다.

《세보》의 기록이다.

'임청각'은 현재 안동 시내의 고가를 대표한다. '임청각'은 《한국민족문화 대백과사전》에는 '안동 임청각 정침 군자정'이라는 이름으로 수록되어 있다.

　　경상북도 안동시 법흥동에 있는 조선시대 중기의 별당형 정자 건축. 보물 제 182호. 이 건물은 1515년(중종 10년)에 형조좌랑 이락(《세보》에는 이명이라 되어 있음)이 건립한 양반주택의 별당형 정자 건축이다. 정자의 평면은 정자(丁자) 모양이며…… 특히 이 정자의 동쪽에는 조

임청각 군자정 축대에
핀 옥매화

그만한 '방지(네모진 연못)'가 있고, '방지'가
운데 둥글게 다듬은 돌에 의도적으로 구멍을 세
개 뚫어놓은 것을 볼 수 있다. 정자의 몸채는 정
자 서쪽에 있는데, 정승이 세 사람이나 탄생하
였다는 '영실(영혼의 방)'이 있고, 그 평면은 양
택론에서 길형(좋은 형국)으로 말하는 '용'자
(한자로 쓸 용자) 형으로 되어 있다.

임청각 종가는 철도 때문에 앞이 막혀 있
다. 전통시대에 안동의 현대화를 상징하는
것이 철도였다면, 임청각 종가는 그 현대화의 가장 큰 희생자라고 할
수 있을 터이다. 〈기찻길 옆 오막살이〉라는 노래가 있지만, 기찻길 옆
고대광실은 왠지 어울리지 않는다는 것이 솔직한 느낌이다.

군자정 앞에 섰을 때, 처음 시선을 끈 것은 안내판 뒤쪽 흙담 속에
뿌리를 내리고 꽃을 피운 작은 매화나무였다. 생명은 그리도 끈질긴
것이지만, 그것이 저에게 어울리는 땅에 자리잡고 있지 못하다는 느
낌은 지울 수 없었다. 그것은 기찻길 옆에 수모를 겪으며 웅크리고
있는 임청각 종가의 모습과 짝을 이루어 나를 우울하게 하였다.

군자정은 8계단의 석축 위에 서 있었다. 정면에는 군자정이라고
단정한 글씨로 쓴 현판이 붙어 있었고, 안쪽 마루방의 서쪽에는 임
청각이라는 현판이 붙어 있었다.

군자정 현판

군자정 전경

임청각 사당

　군자정의 동쪽으로는 정사각형 모양의 연못이 있다. 연못 주위는 군자정에서 가장 평화스럽고 아름다운 곳이다. 연못의 물은 깊지 않았고, 바닥에는 뻘이 쌓여 있었지만, 그 속에 고개를 처박고 있는 우렁이가 그대로 보일 정도로 맑았다. 잔바람이 불어들자 맑은 물의 표면에는 비늘 같은 물결이 일고, 북쪽 한편에 서 있는 모과나무의 분홍색 꽃잎이 여럿 물 위로 떨어져 그 물결을 타고 조각배처럼 조금씩 떠돌고 있었다.

　연못의 동쪽으로는 사당이 보인다. 그러나 임청각 종가의 사당은 텅 비어 있다. 위패는 다 치워지고 빈 마루방만이 남아있다. 그것은 이 집이 상징적인 차원에서도 종가로서 의미를 갖추고 있지 못하다는 사실을 뜻하는 것일까? 이제 임청각은 종가가 아니라 빈 집에 불과한 것인가? 이보다 더 상징적으로 오늘날 종가가 처하고 있는 위상을 증거하여 주는 것이 있을까?

임청각 종가를 지배하는 것은 빛 바랜 갈색이다. 철로의 기름먹인 침목이 세월에 바래서 만들어내는 것과도 같은 색조가 기왓장에서, 집의 기둥과 서까래에서, 마루의 난간 가로대에서, 스멀스멀 피어오르고 있었다.

"안동에 사는 '임청각' 후손은 다 '반구정' 후손입니다."

이인형 씨가 말하였다.

'반구정'은 이명의 여섯째 아들 이굉을 말한다. '귀래정'을 지은 이굉과 '반구정'을 지은 이굉은 한글로는 이름이 같지만 한자로는 다르다. '귀래정'은 '바닷물 용솟음칠 굉(浤)'자인데, '반구정'은 '팔뚝 굉(肱)'자이다.

반구정

자는 계임이고, 신묘 생원이다. 예빈시 별제
를 지냈다. 벼슬을 버리고 돌아와서 반구정을
지었다. 호는 반구옹이다.

《세보》에 적혀있는 기록이다.

이굉은 성주이씨와 사이에서 용을 낳는다.
이용은 자가 사관이고 호가 어은이며, 퇴계 이
황의 문인이다. 후릉참봉을 지냈다. 세간의
명리를 뜬구름같이 여겨 반구정을 지어놓고
만년을 즐겼다고 한다.

"상해 임시정부의 국무령을 지냈던 석주 이
상룡도 반구정 후손입니다."

이인형 씨가 말하였다.

이상룡은 반구정의 16세 손이다. 족보에 나
오는 이상룡의 이름은 상희이다.

《세보》는 이상희 조항에서 다음과 같이 적
고 있다.

일명 상룡이라 한다. 자는 만초이고, 호는 석

임청각 전경

주이다. 철종 무오년(1858년)에 출생하여 서산 김선생(김홍락)의 문하에서 공부하였다.

이상희는 이승목의 아들인데, 이승목은 자가 군현, 호가 추암이며, 유치명의 문인이다. 이승목은 안동권씨와 사이에 상희와 용희, 윤희를 낳는다.

1911년 서간도로 망명 후 계원으로, 이어서 상룡으로 개명하였다.…… 정치제도와 실용지학을 탐구하였으며, 천문·지리·수학 등에 관심이 있었다. 1894년 청일전쟁으로 '도곡선재'에 은신하면서 병학(군사학)에 몰두하였다. 1896년 박경종과 함께 가야산에 군사진지를 구축하고 의병항전을 시도하였으며, 안동의 의병장 권세연을 지원하기도 하였으나, 러일전쟁에서 승리한 일제의 근대적 군사력에 대항하는 국내에서 벌이는 의병항쟁은 어렵다고 판단하였다. 그래서 그 뒤 유인식·김동삼 등과 애국계몽운동을 전개하여 1907년 협동학교를 설립하였다.…… 1910년 11월 주진수·황만영으로부터 신민회의 독립운동기지 설정계획을 전해듣고, 1911년 1월 양기탁과 협의한 뒤, 2월 서간도 회인형 항도천에 도착…….

《한국민족문화 대백과사전》의 기록이다.

이상룡은 항일 민족 독립운동 노선으로 산업·교육 우선주의와 군

임청각 안채:마루에 붙은 동쪽방이 석주 이상용의 태실이다.

임청각 행랑채 고방

사중심주의를 병행해야 한다고 하였고, 군정부 총재로 신흥강습소를 신흥무관학교로 개편하는 일에 관여하는 등, 여러 독립운동단체에 참여하여 활동하였으며, 1925년에는 임시정부 국무령에 취임하였다. 그러나 당시 임시정부는 심각한 대립상을 드러내고 있었으므로, 국무령을 사임하고 서간도로 돌아갔다. 그는 1932년 길림성에서 병으로 타계한다.

임청각은 바로 그 이상룡이 태어난 집이다.

안채로 들어가 보았다. 안채는 안내판에 적혀 있듯이 한자로 '쓸 용자'의 형상을 하고 있다. 건물들로 이루어져 있는 글씨는 서쪽을 머리로 삼고 동쪽, 그러니까 군자정 쪽을 다리로 삼아 옆으로 누워 있다. 글자의 획이 마지막으로 삐치며 멈추는 곳, 안채 위쪽 마루 동편의 좁고 낮은 방 기둥에는 '이상룡선생 태실'이라는 코팅된 종이 한 장이 압정으로 눌려 있다. 안동문화 지킴이들이 만들어 붙인 모양이다. 안내판조차 갖추지 못하고, 종이 한 장으로 눌러붙여진 그 모습이 처량하기까지 하다. 그 앞, 좁은 마당 안에는 화강암 판을 이용하여 '우물정자' 모양으로 쌓은 우물이 있다. 우물 속에는 맑은 물이 고여 있다. 대대로 이 가문의 사람들이 마셨을 물은 여전히 투명할 정도로 맑은데, 이제는 마셔줄 사람이 이 집에 살지 않는다. 그러니 이 맑은 우물물도 점점 더럽혀져 갈 것이다.

다시 안내판 쪽으로 내려와 섰다. 이번에는 안채의 아래쪽 건물들, 그러니까 '쓸용자'의 첫 번째 내려그은 선이 시선을 잡아끈다.

고방과 행랑방 등이 일선으로 붙어있는 모습이 아름답다. 건물들은 석축 위에 올라앉아 있다. 석축은 동쪽은 낮고 서쪽은 높다. 석축 위에서 기둥들이 만들어내는 수선과 기둥 사이를 가로지른 횡선이 담담하게 교차한다. 그 담담한 수선과 횡선의 만남은 단조로울 수밖에 없다. 그러나 그것들이 직선의 벽면 위에서 수도 없이 반복되게 되면, 그것은 이미 단조롭다고 할 수만은 없게 된다. 그 벽면의 위쪽에 무수하게 내려뻗은 서까래의 횡선과 곡선들은 또 어떠한가? 서까래와 기둥이야 어디에서나 쉽게 볼 수 있는 것들이니 임청각에서만 특별한 것이라고 할 수 없으리라. 그러나 종묘와 같은 건물이 아닌 다음에야 어디에서 이렇게 긴 한옥건물의 직선과 만날 수 있을 것이겠는가?

나는 일부러 축대 위를 걸어보았다. 발걸음을 평상보다 넓게 해서 53보. 어림잡아 40미터 정도의 직선이 거기 있는 것이었다. 그 긴 직선 위에서 14개의 기둥과 111개의 서까래가 담담하게 교차하면서 한옥의 미학을 낮은 음조로 들려주고 있는 것이다.

53보에 이르는 건물의 선, 그것은 전통시대에 이 가문의 살림살이가 어떤 규모였는지를 알려주는 단적인 증거라고 하겠다. 그 속에 사람들이 가득찼을 때는 얼마나 번잡하였겠는가? 그러나 이제 그 속에는 한 사람도 살지 않는다. 그 집이 너무 큰 규모이기 때문인지, 그 속에 사는 사람의 없음은 더욱 커다란 공허감으로 내 가슴 속을 비집고 든다.

임청각을 돌아보고 나올 때, 관람객 서넛이 들어왔다. 그리고 바로 앞의 철길을 기차가 빼액 하는 소리를 내며 달려갔다. 기차의 진동 때문에 땅이 조금 흔들렸다.

V. 광산김씨 예안파의 5백년 세월

1. 광산김씨와 안동김씨(상락김씨)

  광산김씨 예안파를 취재하기로 하였을 때 가장 먼저 머리 속에 떠오른 것은 전에 안동김씨(상락김씨)를 취재하는 과정에서 김방경 장군의 묘소에 들렀을 때 보았던 광산김씨 예안파 입향조의 묘소였다. 김방경 장군의 묘소를 향해 오르는 좁직한 돌계단의 입구에는 김방경 장군의 묘소라는 것을 알리는 표석 대신에 광산김씨 예안파 입향조 묘소라는 표석이 버티고 서 있었다. 그리고 김방경 장군의 묘소에 잇대어서 바로 위쪽에 광산김씨 입향조의 묘소는 자리잡고 있었다. 그러한 쉽지 않은 배치는 나의 마음속에 풀리지 않는 의구심을 불러일으켰음을 아직도 기억하고 있다. 조상의 묘소를 어떤 무엇보다도 중시하며 묏자리를 명당 개념으로 이해하는 한국적 의식구조 속에서는, 남의 조상의 묘지 바로 위를 점령한다는 것은 어쩌면 피 튀기는 싸움까지 불러 일으킬 수 있는 것이기 때문이다.

물론 그러한 의문은 소산리의 안동김씨(상락김씨) 종가를 찾았을 때 풀릴 수 있었다. 실전되었던 김방경 장군의 묘소를 광산김씨 측이 찾아주었으며, 당시 안동김씨는 광산김씨와 인척관계였고, 광산김씨 측에서는 입향조에게 제물을 바칠 때 먼저 김방경 장군에게 간단한 예를 올리는 순서를 갖는다는 이야기를 소산리에서 들을 수 있었던 것이다. 이러한 이야기는 안동김씨(상락김씨)와 광산김씨 사이의 간단치 않은 인연을 알려주기에 충분한 것이었다.

안동김씨(상락김씨)와 광산김씨 사이의 범상치 않은 관계는 광산김씨 예안파의 현 종손인 김준식 씨를 면담하는 과정에서도 드러났다.

광산김씨 예안파 입향조 김효로 공과 정부인 양성이씨 묘전비 (녹전면 죽송동 능리)

"광산김씨가 안동으로 들어온 것은 '무' 자를 쓰시던 밀직부사공(김천리)의 둘째 아드님 때부터이지요. 저의 21대조 이신데요, 여말선초에 안동으로 내려오셨지요. 처가가 상락김씨(안동김씨)여서 안동으로 낙향하시게 된 것이지요."

그러니까 광산김씨가 안동에 정착하는 데는 안동김씨(상락김씨)와 인연이 절대적 의미를 갖는다고 하겠다. 그리고 그러한 인연은 김무로부터 3대 후에 김효로가 안동김씨(상락김씨) 중시조인 김방경 장군과 묘지를 위 아래로 같이 씀으로써 이어져 나가는 것이다. 물론 우리는 처음 김효로의 묘지가 그 자리에 정해졌을 때, 김방경 장군의 묘지가 그 아래 있다는 사실을 미리 인지하고 있었는지 아닌지에 대해서는 알지 못한다. 그리고 그 점은 그리 중요하지 않다고 생각한다. 그러므로 여기서는 다만 광산김씨가 안동 인근에서 그 한 갈래의 흐름을 열어나가는 데서는, 안동김씨(상락김씨)와의 인연이 결정적인 기능을 하였음을 알아보는 것으로 그치고자 한다.

　광산김씨를 생각할 때 안동김씨(상락김씨)를 먼저 떠올리는 것은 일반적인 연상법이 아닐런지도 모른다. 그러나 이러한 연상법의 사례가 오래전부터 있어왔음을 우리는 기록을 통하여 알 수 있다. 이를테면 갈암 이현일이 쓰고 있는 근시재 김해의 〈묘지명〉에서도 우리는 이러한 연상법을 확인할 수 있는 것이다.

　　이 해 11월 경오일에 현의 서쪽 지례촌의 북쪽 들에 (김해를) 장례지냈으니, 상락공 김방경의 묘와 같은 산자락이다. 대저 선생(김해)은 상락공의 외손인 까닭이다.

이렇게 우리는 이현일의 의식 속에서도 광산김씨와 안동김씨(상락 김씨)를 묶어서 이해하는 연상법이 작용하고 있는 것을 확인할 수 있다. 물론 이 기록은 김해의 묘지를 선택한 조건이 김방경과의 관계를 중요한 인자로 삼은 것이었다는 사실까지를 확인시켜 주지는 않는다. 그 점은 위의 구절을 통해서는 확정적인 답변을 마련하기 어려운 것이다. 그렇지만 이현일이 김해의 묘지를 바라보는 의식 속에서는 그 양자는 굳건한 연계를 맺고 있는 것이 사실이다. 물론 이현일이 김해를 김방경의 외손으로 연결시켜 이해하는 것은, 앞에서 거론하였던 사실, 즉 광산김씨의 안동 입향조인 김무의 아내가 안동김씨였다는 것 외의 다른 전거를 바탕으로 하는 것은 아니다. 김무 이후 김해에 이르기까지, 안동김씨를 배위로 하는 이 계열의 광산김씨 사람들은 없기 때문이다.

광산김씨와 안동김씨를 상호 연계시켜서 바라보는 것이 일반적인 연상법이든 아니든, 나에게는 이런 의식의 상호관계는 너무나도 분명하다. 내 경험을 전제로 할 때에는, 이러한 연상법이 충분한 의미를 지닐 수 있다는 것이다. 안동김씨에 대한 취재경험이 있고, 김방경 장군의 묘소를 돌아볼 때 광산김씨 입향조의 묘소도 눈여겨보았던 기억이 있기 때문이다.

2. 광산김씨의 역사

— 시조 김흥광부터 안동 입향 이전까지

"우리는 원래 경주김씨였어요."

안동 시내에서 만난 종손 김준식 씨는 말하였다.

"신라 헌강왕의 둘째 왕자가 우리 시조이지요. 역사에는 헌강왕 둘째 왕자에 대한 기록이 원래 없어요. 그것이 사실인지 아닌지 지금으로서는 알 수가 없지요. 그러나 조선 숙종 이후에 족보를 만들 때, 조상들이 그렇게 헌강왕 둘째 왕자를 시조로 해서 족보를 편찬해 놓았으니 아니라 할 수도 없는 일이지요."

신식교육을 받은 김준식 씨는 아무래도 역사에 기록이 없는 것과 족보에 기재되어 있는 기록 사에에서 곤혹스러움을 느끼는 모양이었다.

《광산김씨 예안파보》(이하《파보》로 약칭함)에도 1세 김흥광에 대한 사적에서 신라왕실과의 연계를 밝히고, 역사기록이 남아있지 않은 것에 대한 문제점의 일단을 기록해 놓고 있다. 이《파보》로부터 김흥광에 대한 기록을 일부 옮겨보자.

신라국 김씨의 왕자로 국말에 태어나 나라가 어지러움에 둔세하여
무주 서일동에 우거하니, 이곳이 곧 후에 광주 평장동이며, 광산김씨가
이에서 비롯되었고…… 왕자공의 휘는 흥광이니 성덕왕의 휘자와 동일
하며, 충정공 의원의 〈묘지〉에 난세를 피하여 이곳에 터를 잡아 살기
시작하였다고 쓰고 있고, 또한 '길' 자부터 그 윗대는 구속에 족보가 없
으니 모두 실명하였다고 기록되고 있으니, 왕자공도 아울러 실명하였
음이 분명하고,……그러나 혹은 신무왕자라고도 하고 헌강왕자라고도
하는데, 모두 다 증거한 바가 없고, 또한 사승년대와 지문사실 등이 일
치되지 않으므로, 감히 모왕의 아들이라 하지는 못하고, 황대전고(黃
臺典誥) 이(珥)의 〈제영시〉 서(序)와 전보(前譜)에 기록된 바에 의거
기재하고 후일의 정확한 고증을 기다리기로 한다.

《파보》는 이렇게 시조에 대한 의문을 스스로 제기해 놓고 있는 것
이다. 이 기록을 통하여 우리는 광산김씨의 시조에 대하여 두 가지
사실을 알 수 있다. 하나는 그 이름과 사실은 확인할 수 있으나, 구
체적으로 누구의 아들인지, 그 가계는 분명치 않다는 기록이고, 다
른 하나는 시조의 사적은 있으나 그가 누구인지는 이름조차 실전되
어 알 수 없다는 기록이라고 하겠다. 이 두 가지 기록 가운데 전자는
위에 거론하였던 〈제영시〉에 따라 대표되고, 후자는 충정공의 〈묘
지〉에 의해 대표된다. 이 두 가지 기록 가운데 무엇이 더 정확한지
는 나로서는 단언하기 어렵다. 그러나 '황대전고' 이가 13세 대린의

3남이라는 점을 감안한다면, 충정공의 〈묘지〉가 더 앞서는 시기의 것이 아닌가 여겨지고, 그렇다면 충정공의 〈묘지〉를 근거로 하여 말하는 것이 합리적인 태도가 아닌가 생각해 볼 따름이다. 그렇지만 내가 김준식 씨로부터 전해받은 자료들 속에는 아쉽게도 충정공의 〈묘지〉는 포함되어 있지 않았다.

충정공은 고려 문종 때의 현신인 문안공 김양감의 둘째 아들이다. 《파보》에 따르면 문안공 김양감은 문종 5년에 문과에 급제하여 상서우승, 어사대사, 문하시랑 등을 거쳐 문하시중에까지 이르며, 시호가 문안공이라고 한다. 《한국민족문화 대백과사전》의 김양감 조에는 "생몰년은 미상이고, 고려의 문신이며, 본관은 광양"이라고 하였고, 벼슬살이 이력을 상세히 소개한 말미에 "이자겸과 인척이면서도 정의를 지켜 끝까지 그에게 아부하지 않았다. 《삼국유사》에 실려있는 〈가락국기〉의 저자라고 전하기도 한다"고 적혀있다.

《파보》에 따르면 이 김양감은 시조로부터 7세이고, 2남 1녀를 두고 있는 것으로 되어 있다. 장남은 약온으로, 구명은 의문이며, 자는 유승이고, 문종 때 출생하여 문과에 급제하였고, 문하시중으로 치사하였는데, 향년은 82세, 시호는 사정공이라 한다. 차남은 의원인데, 1066년(문종 20년)에 출생하여 성균시로 등과하며, 예종 4년에 길주 관외에서 여진족을 토벌하였고, 의종 2년에 83세로 타계하니, 시호는 충정공이다.

충정공 김의원은 바로 1066년에 출생하여 1148년에 타계한 인물

이다. 이 김의원의 〈묘지〉에는 위에 인용한 대로 '길' 이전의 가계
는 모두 '실명하였다' 고 기록되어 있는 것이다.《파보》는 광산김씨
의 상대를 서술하면서 이 김의원의 〈묘지〉를 크게 참작하고 있는 것
같다. 그리하여 1세 흥광, 2세 식, 3세 길 등으로 계대를 적어두고
있으면서도 식이 흥광의 자식이라든지, 길이 식의 자식이라든지 하
는 표현은 피하고 있는 것이다. 그것은 3세 길 이후의 계대가 분명
하게 부자관계로 표현되고 있는 것과는 양상을 달리한다. 그러한 편
찬태도는《파보》의 3세 길 조항에 적혀있는 다음과 같은 구절을 통
하여 분명하게 확인된다.

　　"삼가 살펴보건대 충정공 〈묘지〉에 '길' 자로부터 이상은 모두 실명
　　하였다는 기록이 보이므로, 왕자공 이하 여기까지는 계서하지 못하고
　　후일 확증을 기다린다."

　그런데 여기서 우리가 눈여겨볼 것은 앞의 신라 왕자 흥광을 말하
는 부분에서 인용하였던 구절들 가운데 '구속에 족보가 없으니 모
두 실전하였다' 고 하는 구절이다. 이것이 과연 충정공 묘지문의 정
확한 해석인지, 충정공 묘지문이 씌어진 시기가 언제인지는 상고해
보아야 할 일이지만, 충정공 김의원 당대를 묘지문의 작성 시기로
보는 것이 타당한 일이라면, 김의원의 시대에는 여기 인용구에서 이
른바 '족보' 로 지칭되는 어떤 기록이 만들어지고 있으리라는 점을

추정하여 볼 수 있다. 조선 중기 이후에 본격적으로 출현하는 '족보'와 완전히 같은 것은 아닐지라도, 그 연원이 되는 보첩이 고려시대에 존재하였다는 증거라고 하겠다. 물론 그 기록은 소략하기 그지없는 것이었을 터이고, 계대를 빠짐없이 다 기록하고 있는 것도 아니었을 것이다.

어쨌든 광산김씨 상대의 사적은 《파보》에 3세로 기재되어 있는 김길 때부터 어느 정도 역사성이 분명해 지는 모양이다. 김길은 삼중대광사공으로, 왕건의 고려 창업에 공을 세워 공신의 칭호를 받은 인물이라고 한다. 김길의 아들은 준인데, 삼중대광 좌복야였다. 김준의 아들은 책으로, 광종 때 과거에 급제하여 벼슬이 한림학사를 거쳐 평장사에 이르렀으며, 시호는 문정공이다. 김책의 아들은 정준으로 벼슬이 문하시랑 평장사에까지 이르렀다. 김정준의 아들은 양감이다. 김양감으로부터 김의원까지의 사적은 앞에서 소략하게 언급한 대로이다.

"우리(광산김씨)는 고려 중엽 이후에 개경으로 진출하여 큰 벼슬을 하게 되었어요. 중시조는 양간공 연입니다."

김준식 씨의 말이다. 그러나 위에서 간략하게 살펴 보았듯이, 광산김씨는 고려초부터 이미 중앙 관계에 진출하여 여러 현달한 인사들을 배출하고 있는 것이 사실이다. 김준식 씨의 이 말은 아마도 9세

이후 13세까지, 광산김씨의 중앙 관계 진출이 상대적으로 위축되었던 시기를 전제하고 하는 말일 터이다. 그러나 이 시기, 즉 광산김씨의 세력이 위축되어 있던 시기는 무인정권 기간과 겹치므로, 실제로는 고려초에 족적을 남겼던 모든 가문이 겪은 일일 것이고, 광산김씨만의 문제는 아닐 것이다.

어쨌든 광산김씨 예안파를 전제로 하여 말한다면, 예안파의 가계가 젖줄을 대고 있는 11세 주영의 상계가 불투명하며, 주영 이후의 세계에서 최초로 시호를 하사받은 사람이 연인 것은 분명하므로, 김연을 광산김씨 예안파 계열의 중시조로 보는 김준식 씨의 견해도 크게 틀리다고 할 수는 없을 터이다.

　　공의 휘는 해, 자는 달원, 그 선조는 광주인인데, 고려 때에 광존이라고 하는 사람이 있으니, 지문하성사로, 공으로부터 12대조이다.

《근시재문집》 속에서 김광계가 아버지 근시재 김해의 행장을 쓰면서 선조에 대해 언급하고 있는 부분이다. 광주김씨 25세인 김광계는 자신들의 가계를 김광존까지만 끌고 올라가는 것이다. 김광존은 앞에서 거론한 바 있는 김주영의 아들이다. 김광계가 자신의 가계를 김광존으로부터 설명하기 시작하는 것이나, 김준식 씨가 광산김씨 예안파의 중시조로 김연을 꼽는 것은 다 똑같은 의미의 반경 위에 놓여져 있는 것으로, 결국 김주영의 상계가 불투명하다는 것과 관계가 있는 것이라고 하겠다.

12세 김광존의 아들로는 대린이 있다. 김대린은 3남 1녀를 두었다. 첫째는 규로, 옛 이름은 찬인데, 중산대부 국학대사성 보문서태학사로 치사하였다. 둘째는 바로 김준식 씨가 중시조로 언급하고 있는 연이다. 셋째는 앞에서 거론한 바 있는 이이다. 광산김씨 예안파의 가계는 둘째 김연으로 이어지는 것이다.

김연은 옛 이름이 중룡이고, 자가 기지이며, 고려 고종 2년(1215년)에 출생하였고, 벼슬은 병부시랑, 형부상서 등을 거쳤다. 충렬왕때 경상도 도지휘사가 되어 동정(왜 정벌)할 때 이용할 전함을 건조하는 일을 감독하였는데, 허리에 찼던 금어가 땅에 떨어지는 꿈을 꾸었다고 한다. 그 꿈을 스스로 '신장이 이미 갔으니, 오래 머무를 필요가 없다'고 해석하여 퇴직을 주청해서 도첨의로 치사하였다. 충렬왕 신묘년(1291년)에 타계하니, 시호는 양간공이다.

김연의 큰아들은 시호를 정경공이라고 하는 사원이고, 김사원의 아들은 호가 적제, 시호가 장영공인 진이다. 김진은 5남 2녀를 두었는데, 다섯 아들은 봉익대부 전리 판서령 삼사사 광리, 좌사의대부 판군기감사 영리, 판전리사사 성리, 판도판서 안리, 그리고 봉익대부 밀직부사와 상호군을 지낸 천리 등이다. 광산김씨 예안파는 다섯째 천리에게로 연결된다.

"광산김씨 후손 가운데는 둘째분(영리) 계열이 제일 많지요."

김준식 씨가 말하였다.

"거기가 사계집입니다."

사계집이란 사계 김장생 계열을 뜻하는 것일 터이다.

"광산김씨는 양간공(김연) 계열이 가장 많습니다. 한 7할은 되지요. 그리고 양간공 계열 가운데에서는 이 둘째분 계열이 또 가장 많아요. 영리공 계열 외에는 또 우리 천리공 계열이 많다고 할 수 있을 것입니다."

김천리는 충숙왕 복위 2년(1333년)에 출생하였고, 몰년은 미상이다. 그는 조선왕조에 입사하였다고 하니, 상당한 장수를 누리지 않았나 생각된다. 김천리의 아들로는 희선과 무 형제가 족보에 등재되어 있다. 김희선은 자식이 없었다고 하니, 이 계열은 전적으로 김무의 후손들이라고 하겠다.

서두에서도 말했다시피, 안동으로 낙향하는 것은 바로 이 김무 때의 일이다. 그러나 광산김씨의 안동 낙향은 천리의 아들 무만이 아니었던 모양이다. 서주석 씨가 광산김씨에 대해서 적어놓은 글을 보면 영리 계열도 안동에 낙향한 사람이 있다고 한다.

"판군기감사공파는 파조인 영리의 증손 때에 퇴촌공파(이름은 열,

호는 퇴촌, 형조좌랑 역임)로 다시 갈리어 나간다. 퇴촌의 증손 용석
(1453년생, 호는 담)이 김종직의 문인이 되어…… 연산 무오(1498년)에
스승 점필재(김종직)가 부관참시되고 많은 사류가 화를 입는 사화가
일어나니, 진취의 뜻을 버리고 처향인 안동 구담촌으로 이거하여 정착
하게 되었다."

이렇게 본다면 광산김씨는 안동 일원에 두 계열이 들어와 살게 된
셈이라고 하겠다. 물론 시대적으로 앞서는 것은 김천리 계열의 김무
이다. 김무가 안동에 입향한 것이 언제인지는 분명하지 않지만, 아
마도 1300년대 말이라고 할 수 있을 터이고, 김영리 계열의 김용석
이 안동으로 내려오는 때는 1400년대 말이라 할 수 있으니, 그 두 계
열의 입향시기에는 1백여 년의 시차가 있는 셈이라고 하겠다.

김무는 안동으로 내려와서 처음에는 지금의 남선면에 거주하였던
것 같다.

"고려말에 안동으로 낙향하셨어요. 남선면, 풍천면 등으로 옮겨다니
며 살다가 예안 오천에 세거지를 정하게 되는 것이지요."

김준식 씨가 말하였다.

"소감(김무)의 아들 목청전 직 숭지, 손자 음성현감 회가 풍산 도양

동에 거주하다가 증손 성균생원 효로(1454-1534) 때에 예안 외내에 정착하게 된다.”

서주석씨의 기록이다.

3. 광산김씨 예안파
— 외내시대

광산김씨 예안파의 외내시대는 김효로에서 시작된다. 이 계열은 가계로 치면 김무의 둘째 아들 김숭지에게까지 이어지지만, 예안파라고 하는 이름이 예안에서의 삶을 전제로 한다면, 적어도 이 계열을 파보에서 지칭하듯이 '예안파' 라는 이름으로 부를 때에는 파조를 김효로라고 하지 않을 수 없을 것이다.

(김회의)아들 효로가 성종년간에 출사하였으나 영달을 단념하고 유벽하면서도 풍광이 아름다운 예안에 터전을 잡았다.

'오천 문화재 이건 기념사업회'에서 펴낸《오천 군자리》라는 책자의 기록이다.

오천은 광산김씨 예안파의 오백오십 년간의 세거지이다.

이 또한《오천 군자리》의 기록이다.

광산김씨 예안파의 종가는 김효로 때부터 안동댐의 건설로 수몰
될 때까지 오천리를 터전으로 하여 끈질기게 이어 내려왔던 것이다.

광산김씨 오천 입향조인 김효로는 앞에서도 말하였듯이 상락군 김
방경과 앞뒤로 자리를 잡고 벌써 오랜동안 묘지 속에서 잠들어 있다.
김효로(1454~1534)는 자가 순경이고, 호는 농수, 또는 춘포이다.

단종 갑술생이고 경자에 생원이요, 조행이 탁이하여 일천으로 장차
현달할 전망이 있었으나, 무오사화를 당함에 덕을 숨기고 벼슬에 나가
지 않았고…… 이조참판을 증직으로 받았으며, 후학이 사우를 건립하
고 향사한다.

《파보》의 기록이다.

숙종 임오년에 사림이 현 동쪽에 사당을 세우고 이계양(퇴계의 조
부)과 김효로를 병향하고, 사우 이름을 향현사라 하였다.

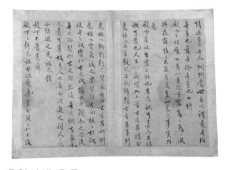

운암선생 유묵

택, 심언광이 모의하여 안로를 다시 조정에 끌어들이려고 하자, 공이 회재 이 선생(이언적)과 함께 불가함을 고집했는데, 이로 인해 그 무리들의 원망이 컸다. 이때에 안로가 재집권하고, 밤낮으로 공을 중상하려고 꾀했으나 단서를 얻지 못했는데, 마침 당성위 홍려가 안로의 모함에 걸려 죽임을 당하자, 드디어 전한 소봉을 시켜서 공이 당성위와 매우 친한 사이라는 이유로 간관 벼슬을 떼고 군자감 판관으로 전임시켰다가 잠시 후에 경성판관으로 보냈는데, 경성은 북방 오랑캐를 방어하는 곳이었다. 두어 달이 지나서 안로가 쫓겨나 죽자 다시 사관으로 임명되어 소환했다.

채제공은 김연으로부터 2백년 뒤의 사람이지만, 이 〈묘갈명〉은 김연의 아들 읍청정 김부의가 지은 김연의 행장을 바탕으로 하였다고 하니, 그 사실성에는 크게 문제가 없을 것이다. 김연은 회재 이언적과 친교가 깊었던 것 같다.

일찍이 회재선생과 도의로 사귐을 맺어서 흥해 원으로 있을 때에는 옥산서재에 여러 번 가서 학문을 토론했고, 경주부윤으로 와서는 학문의 강론이 더욱 긴밀하였다.

역시 채제공이 위의 글에서 적고 있는 말이다.

김연의 아우 김유(1491 ~ 1555)는 자가 유지이고, 호는 탁청정이다. 그는 호방하고, 운치를 즐길 줄 아는 사람이었던 모양이다.

성품이 호협하여 빈객을 좋아했는데 옛날 현감공이 우암 위에 정자를 세워 낙동강을 굽어보기 때문에 침류정이라 이름하였다. 또 집 옆에 정자가 있었는데, 공이 모두 수리하여 확장하고 손님을 맞아 즐기며 혹은 밤을 새우되 피로한 빛이 없으니 선비들이 이 고을을 지나면 반드시 찾아와서 즐기었다. 비록 폐의파립한 사람이라도 친절히 대접하고 만일 옳지 못한 사람을 보면 준엄하게 꾸짖어 조금도 용서가 없었다.

이황이 지은 탁청정의 〈묘지명〉에 나오는 글이다.

김연은 창령조씨와 사이에 2남 3녀를 두었고, 김유는 순천김씨와 사이에 4남 2녀를 두었다. 이 김연과 김유의 자식들은 광산김씨 예안파의 성가를 결정지워 준다.

"오천은 원래 봉화금씨 터전이었어요. 봉화금씨 터전으로 우리 광산김씨가 들어간 것이지요. 그래서 오천은 금씨와 김씨가 어울려 사는 터전이 된 것인데, 입향조(김효로)의 손자이신 후조당의 형제 종반들 사이에서 7군자가 나셨지요."

김준식 씨가 말하였다.

세상 사람들은 후조당(김부필) · 읍청정(김부의) · 산남(김부인) · 양정당(김부신) · 설월당(김부윤) · 일휴당(금응협) · 면진재(금응훈) 등을 칭하여 '오천 7군자'라고 한다.

《오천 군자리》에 나오는 말이다.

후조당과 읍청정은 형제분이고, 산남 · 양정당 · 설월당은 후조당의 사촌 형제분들이고, 일휴당과 면진재는 외사촌들이시지요.

김준식 씨가 말하였다.

결국 '오천 7군자'는 한집안 사람들이라고 하겠다. 이들 한집안 일곱 형제들은 어떻게 '7군자'라는 별칭을 얻게 되는 것일까?《오천 군자리》는《선성지》를 인용하여 다음과 같이 말한다.

군자리는 현의 남쪽 5리쯤 되는 곳에 있는데, 바로 오천리가 그곳이다. 그 마을 사람 김부필, 김부인, 김부의, 김부신, 김부윤, 금응협, 금

김유의 정자 탁청정

응훈 등은 모두 퇴계선생의 문하에 종유하였고, 도의와 덕행이 모두 출
중하였으므로 정한강(정구)이 일찍이 감탄하여 '오천 한 마을에 군자
가 아닌 사람이 없다'고 말하였으므로, 후인들이 이어받아서 그렇게 이
름하게 된 것이다.

《오천 군자리》가《선성지》에서 그대로 옮겨적고 있는 이 말은 오천
마을이 당대 영남유림을 주도하여 나가던 퇴계 이황의 문하에서 어떠
한 평가를 받고 있었는지를 알려준다. 퇴계 이황으로 대표되는 영남
유림은 출신보다는 도의와 덕행의 함양을 우선적 가치로 간주하던 사
람들임을 염두에 둔다면, '오천 한 마을에 군자 아닌 사람이 없다'는

탁청정 현판 (한석봉 글씨)

평가가 최상급의 형용어라는 점을 이해할 수 있을 것이다.

후조당 김부필은 광산김씨의 23세에 속하고, 22세 김연의 큰아들이다. 그의 자는 언우이며, 후조당은 그의 호이다. 1516년(중종 11년)에 나서 1577년(선조 10년)에 타계하였다. 그는 어려서부터 학문이 출중하였고, 정유년(1537년)에는 사마시에 합격까지 하여 명망이 드높았다고 한다. 그러나 그는 과거공부에는 별 뜻이 없었던 것 같다. 그러한 사정을 《오천 군자리》에 수록되어 있는 김조순의 〈김부필 시장〉은 다음과 같은 문장으로 알려준다.

후조당 종택

갑진년(1544년)에 운암공이 별세했고, 다음 해에 중종이 승하하였고, 또 그 다음 해에 복을 벗었으나, 과거에 대한 공부는 하지 않았다.…… 명종 말년에 조정에서 공의 착한 행의를 듣고

비로소 사관으로 등용했으나 부임하지 않았다.

이렇게 김부필은 벼슬에는 별 뜻이 없었던 듯하다. 그러한 그의 입장은 무진년(1568년)에 효릉참봉에 제수되었을 때 퇴계가 서울에서 편지를 보내 출사를 권유하자 그가 화답하였다는 시 속에서도 잘 드러난다.

건너 산 구름에게 한마디 묻는다.
골짜기에 머물러 있으면서 승천을 바라는 건 무슨 마음인가?
펼치고 모음은 내게 달려있는 것이지만 또한 신룡의 변화 속에서 일어나는 일이라고 구름은 말한다.

이 시는 정황상 벼슬길에 나가고자 하지 않는 김부필의 마음을 묘사하고 있는 것이 분명하다. 그러나 그러한 정황을 전제하지 않는다면 과연 출사를 마다하는 의식을 담고 있는 것인지 선망하는 내용을 포함하고 있는 것인지 명확하게 알기 어렵다. 어쩌면 이것은 시대상황 속에서 벼슬길을 포기하지 않을 수 없는 김부필의 답답한 소회를 담고 있는 것인지도 모를 일이다.

앞에서도 말하였지만, 김부필은 호를 후조당이라고 한다. 이 후조당이라는 호는 앞에 인용하였던 김조순의 글에서는 자호의 느낌이 강하다. 김조순의 글을 살펴보자.

…… 나가서는 퇴계선생을 사사하되 매우 삼가서 명리로써 마음에
두지 않았다. 뜰에 소나무와 잣나무를 심고 당의 편액을 '후조라 걸었
는데, 그 의미를 아는 이가 없었다.

그러나 《파보》에는 김조순의 이 글과는 느낌이 조금 다른 이야기
가 기록되어 있다.

을사사화 이후 누차 재랑을 제수하였으나 불취하니, 선생(이황)이
호를 후조당이라고 명하고 시를 지어주되……

이 《파보》에 따르면 후조당이라는 호는 이황이 지어준 것이라 할
것이다. 표면상 이 두 구절은 상호 배치되는 점이 없지 않은데, 어쩌
면 김부필이 후조라는 편액을 내건 것은 아직 당명일 뿐 호로 사용
한 것은 아닌데, 이황이 후조당을 호로 사용하라고 적어보낸 것일른
지도 모르겠다. 어쨌든 《오천 군자리》에 따르면 이황이 이 때 적어
보냈다는 시는 다음과 같다.

후조당 주인의 굳은 절개
벼슬을 내려줘도 즐거워 않네
매화를 마주해 앉아 빙설의 향기 풍기고
도의 실재를 들여다보며 끊임없이 도리를 읊조리네.

후조당 김부필은 배위가 진주하씨인데, 슬하에 아들이 없어서 아우 부의의 아들 해로 후사를 이었다.

"읍청정(김부의)은 하나뿐인 아들 근시재(김해)를 형님인 후조당에게 양자를 보내고 당신께서는 따로 양자를 들이지 않으셨어요. 그래서 우리는 두 분을 다 모십니다."

김준식 씨가 말하였다.

"사람들은 우리를 후조당집이라 일컫는데, 윗대에 운암이 계신데 후조당집이라 하는 것은 벼슬보다 도덕·학문이 우선이기 때문에, 도덕·학문으로 후조당을 대표시켜 말하는 것이지요. 도산 입원록에도 후조당이 제 1번으로 등재되어 있어요. 후조당에게 문도가 없는 것은 도산이 가까이 있었으므로 학생들을 전부 도산으로 보낸 탓이지요. 문도가 없어도 후조당의 덕행과 학문은 근동의 누구나가 다 인정을 하였던 것이지요. 율곡선생이 후조당의 부음을 듣고 '정의가 인멸하고 도덕이 땅에 떨어졌다'는 글을 남겼다는 이야기도 있습니다."

김준식 씨는 질문을 던질 사이도 없이 선대로부터 후조당까지 사적을 길게 이어나갔고, 후조당을 뛰어넘어 근시재 이야기로 나아가고 있었다.

"우리 가문은 대대로 도덕·학문하는 선비의 집안입니다. 그런 점에서 우리 집안을 후조당집이라고 말하는 것은 타당합니다. 그렇지만 또 어떤 사람은 우리 집안에서 가장 가문을 빛낸 사람은 근시재라고 말들을 합니다. 국가에 기여한 분으로는 근시재가 으뜸이지요."

근시재 김해는 김부필의 아우 김부의와 안동권씨 사이에서 출생하였다. 김부의의 자는 신중이고, 호는 읍청정이다.

일찍이 퇴계 문하에 종유하여 독지위학(돈독하게 학문을 닦음)하니 선생(퇴계)이 '선기옥형'(혼천의)을 만들도록 명하고, 또 호를 지어주었다.

《파보》의 기록이다.

"처음 역동서원을 다 지은 후 고을에 어진 장자가 적지 않았으나 선생이 특히 공을 산장(원장)으로 추천하자, 공은 굳이 사양하였으나, 선생은 이를 허락치 않으니, 선생에게 중하게 보인 바가 이와 같았다."

김부의는 1525년에 태어나, 1582년에 향년 58세로 타계한다. 근시재 김해가 태어난 것은 1555년의 일이다.

김해의 자는 달원이고 호는 근시재이다. 《근시재 문집》에 따르면 그는 정해년(1587년)에 행의(의를 행함)로 추천되어 참봉이 제수되었으나 나아가지 않았고, 다음 해에 다시 참봉이 제수되었을 때에는 서울에 있었던 관계로 나아가지 않을 수 없었는데, 사마시를 치르고는 얼마 후에 사직서를 내고 돌아와 유성룡 김성일 등과 더불어 병산서원에서 《퇴계선생 문집》을 수정하는 데 참여한다. 그러다가 기축년(1589년)에 을과에 급제하여 승문원 정자로 보임되고, 예문관 검열로 자리를 옮긴다. 그리고 이 해에 동료들이 사초를 태운 일에 관련되어 파직된다. 김해는 원래 이 일에 관계가 없었으나 변명하지 않고 고향으로 돌아온다.

김해의 사적 가운데서 가장 중요한 것은 그가 임진왜란 때 의병장으로 활동하였다는 것이다.

> 임란에 창의해서…… 좌도의진을 편성하여 대장으로 추대됨에 적을 추격하여 남하하다가 계사년(1593) 6월 19일 경주 진중에서 졸하다.

《파보》의 기록이다.

> "선생을 의병대장으로 추대하고, 안동의병장 이공 정백, 배공 용길을 좌우 부장으로 삼았다."

《근시재 문집》에 보이는 '좌도의진'의 모습이다. 의진의 모습은 꽤 규모있게 갖추었으나 세력이야 보잘것없는 것이었을 터이다. 대부분의 의병의 모습이 그러하듯이, 김해를 수장으로 하는 '좌도의진'도 의기만은 드높은 집단이었을 것임에 틀림이 없다.

일찍이 사람들에게 말하기를,

'나는 이미 사령의 명을 받았고 병사들의 세력은 외롭고 약할 뿐이니…… 마땅히 힘을 다하여 싸우다가 세력이 궁진하면 죽을 따름이다'

라고 하였다.

《근시재 문집》에 보이는 김해의 이러한 말은 당시의 사정을 말해준다.

김해는 계사년 5월에 밀양에서 부인의 부음을 듣는다. 그는 집으로 달려와서 하루를 부인의 시신 옆에서 머물고는 다시 의병진으로 돌아가다가 도중에 병을 얻는다. 그리하여 경주 진중에서 향년 39세로 타계하니 아까운 나이였다.

백년 사직을 안존시킬 계책으로
6월에 전복을 입고 나섰네.
나라를 위하여 몸이 먼저 죽으니
모친 생각에 혼이 홀로 돌아가누나.

《근시재 문집》에 실려있는 김해의 〈절명시〉이다.

나라를 안정시키기도 전에, 홀로 있는 모친보다도 앞서서 죽어가는 쓸쓸함이 배어있는 시라고 하겠다.

분명히 광산김씨 예안파의 외내시대의 정점은 바로 '7군자'와 근시재 김해가 활동하던 때라고 하겠다. 물론 김해의 의병활동은 그 혼자의 의로운 행위로 끝난 것은 아니다. 그의 후손들은 진중에서 장렬하게 죽어간 김해의 영향을 받지 않을 수 없었던 것이다.

"…… 선생(김해)의 뒤를 이어 장남 김광계(매원공)도 병자호란 시에 예안의병장으로 창의하였으며, 정묘호란 때에도 역시 의병장으로 죽령까지 출진……"

4. 오천 '군자리'

고향을 갖는다는 것은 꿈을 갖는 것을 의미하고, 자긍심을 갖는다는 것을 의미한다. 수백년 계속 살아온 한 가문의 세거지를 갖는다는 것은 더욱 그러할 것이다. 광산김씨는 김효로가 예안 오천에 입향한 이후 안동댐의 건설로 삶터를 옮기지 않을 수 없게 된 때까지,

5백년 가까운 기간을 대를 이어 살아왔다. 안동댐의 건설은 그들의 5백여 년 세거지를 물 속에 묻어버린 것이다. 고향을 물 속에 묻어 두고 집과 삶터를 옮겨야 하였던 그들의 마음은 어떠하였을까? 그러한 마음의 일단을《오천 군자리》의 간행사에서는 다음과 같은 감상적인 글귀로 표현하고 있다.

사람은 누구에게나 고향이 있다. 눈을 감으면 언제나 고향은 더욱 정겨운 환상으로 나타난다.

왜 그런지 고향은 항상 우리의 머리 속에서 사라지지 않는다. 이러한 이유는 바로 우리가 사람이기 때문이다. 어린 시절 부모 조상의 그늘에서 자랄 때부터 우리가 보고 듣고 느끼는 것이 모두 뼈에 사무쳐 있고, (우리가) 머리 속에(그런 것들을) 깊이 새기며 성장했기 때문이다.

오래 몸에 익은 것을 우리가 소중하게 생각하고 아끼는 것은 비단 그것이 가치를 지니기 때문만은 아니다. 어쩌면 이 말은 옳지 않은 것일런지도 모른다. 가치라고 하는 것은 저 혼자 따로 존재하는 것이 아니라, 우리들의 정서가 만들어내는 것이기도 하기 때문이다. 따라서 오랫동안 우리 몸에 익고, 정서적으로 연계되어서 떨어지고 싶지 않은 것이 있다면, 그것이야말로 가치 있는 것이다. 어쨌든 내가 이야기하고자 하는 것은 바로 이것, 가치란 대상으로부터 오는 것이 아니라 우리의 정서로부터 오는 것이라는 말이다. 그러므로 5

근시재
《향병일기》 표지

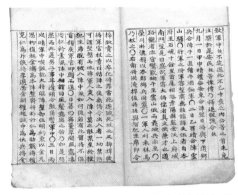

근시재 《향병일기》

백여 년 동안 대를 이어서 살아오던 고향을 물 속에 묻어 버렸다고 하더라도, 여기저기 흩어져 있던 건물들이나마 어딘가로 옮겨서라도 보존하고자 하는 것은 당연한 생각일 것이다. 그러한 노력이 오늘날 우리가 볼 수 있는 오천 군자리, 오천 문화재 단지의 모습으로 귀결되었다고 하겠다.

이 단지 내에 있는 옛 건축물들은 문중에서 대대로 유지 보존하여 온 종택, 묘우, 정사, 강당 등으로, 지난 1974년 안동댐이 건설될 때에 원지점으로부터 약 2킬로미터 떨어진 이곳으로 집단 이건되어 아쉽기는 하나 원형 그대로 보존되어 있다. 행정구역은 안동군 예안면 오천동이었으나, 현재는 와룡면 오천동으로 편입되었다.

안동에서 예안으로 나가는 굽은 길의 한쪽으로 산 중턱을 문지르고 들어앉아 있는 오천 문화재 단지. 그 곳으로 들어가는 입구에는 '군자리'라는 표석이 서 있다.

"원래 마을 이름이 '군자리'인가요?"

나는 김준식 씨를 만났을 때 물어 보았다.

"아닙니다. 원래는 그냥 오천, 외내지요. 옛날 정구 선생의 말을 근거로 해서 세거지를 옮기면서 적어 놓았는데 이제 20년이 지나니 통칭되기에 이르렀지요."

김준식 씨는 흡족한 표정을 지었다.

"여기저기 흩어져 있던 건물들을 한데 모아서 옮긴다는 게 쉬운 일은 아니었지요. 어른이 주로 중심이 되어서 일을 하시고, 나는 보조를 하였지만, 잡음도 있었고, 부자가 욕도 많이 얻어 먹었습니다. 그렇지만 결과적으로 요즘 와서는 잘 했다고들 하지요. 재현시켜 놓은 것은 우리 부자 덕분이라는 말들을 해요."

사실 한 가문의 힘으로 오천 문화재 단지 같은 것을 만들어 놓을 수 있다는 것은 쉬운 일이 아니다. 그것을 관리하는 것조차 힘든 일일 수밖에 없는 노릇이기 때문이다. 물론 광산김씨 일문의 힘만으로 건물들을 옮기고, 관리하는 것이라고 하기는 어려운 일일 것이다. 문화재로 지정된 것들은 정부가 보조를 하였고, 또 하고 있는 것이 사실이다. 그러나 정부의 보조보다는 광산김씨 일문의 투자가 더 큰 것이었음을 부인할 수는 없을 것이다.

군자리 표석

  우리가 방문하였을 때, '군자리' 문화재 단지는 텅 비어 있었다. 산자락을 깎아 2층의 넓은 터를 만들고, 아래쪽에는 주차장을, 위쪽에는 앞으로 터진 부분을 마당으로 비워두고, 산기슭의 밋밋한 경사면을 이용하여 10여 채의 고옥들이 반달 모양의 호를 그리며 배치되어 있다. 위쪽의 마당 끝에서 앞을 향하면 산자락 사이의 좁직한 분지가 가로로 열리고, 그 정면으로 뚫고 들어온 앞산이 호박덩이 같은 형상으로 자리잡고 앉아 분지에 만곡의 선을 만들어낸다. 둘러싼 산들은 다 나지막하며, 어느 한 군데 터진 부분이 없이 잘도 좁은 분지를 감싸안아 주고 있는데, 사방 빈틈없이 둘러쌓여 있으면서도 사선으로 열리는 하늘이 탁트인 시야를 마련해 주고 있다. 아마도 분지의 바닥에 '문화재 단지'가 지어져 있지 않고, 산기슭의 중간 선 이상을 차고 들어앉은 탓일 것이었다.

우리는 마당에서 건물 쪽을 향하며 좌측 끝으로부터 돌아보기 시작하였다. 좌측 끝집에는 관리하는 사람이 살고있는 살림집이라고 하였는데, 한겨울이기도 하였고 또 점심무렵이라서인지, 대문은 굳게 잠겨 있었고, 그 위로 이 오천 군자리 '문화재 단지'의 중심이라 할 수 있는 후조당 고택이 자리잡고 있었다. 우리는 좌측 끝에 있는 24개의 돌계단을 밟고 별당 쪽으로 들어갔다. 중요민속자료 227호인 후조당 고택의 별당은 기름칠하여 잘 관리된 오래된 송판의 미끈한 색감으로 한 눈에 들어왔다.

된장도 오래 묵은 것은 감칠맛이 나게 마련이다. 오래 사귄 친구들이 만나는 것을 보면 공연히 보는 사람의 마음까지 흐뭇해진다. 세상에는 그렇게 세월의 더께가 입혀질 때에 아름다운 느낌이 배가 되는 것들이 있다. 현대를 지배하고 있는 철이나 플라스틱 같은 것들은 이러한 점에서 예외라고 하겠지만, 나무는 세월과 잘 사귈 수 있는 소재라고 할 수 있다. 나무만큼 세월이 더하여질수록 미감과 품격이 한결 뛰어나게 갖추어지는 것이 또 있을까?

후조당 고택의 별당채 건물 외면을 둘러싸고 있는 목재들에서 우리는 그러한 느낌을 받았다. 탁한 검은 빛과 밝은 갈색이 흑과 백으로 분명한 대비를 이루고 있는 송판들, 단순한 무늬를 반복적으로 갖추고 있는 문짝들의 가라앉은 빛깔, 서까래와 기둥들의 색감······ 밝은 미색의 매끈한 모습을 하고 한쪽 처마 밑에 붙어 있는 '분정판'과, 그 판 위에 먹물로 분명하게 쓰여진 한자글씨를 제외하고는, 별당의 처마 밑으로 휘도는 바람이나 별당이 머리 위에 이고 있는 하늘까지, 모든 것이 다 수백년 풍상에 수더분하게 조탁된 것만 같은 느낌이었다. 세월의 풍상에 따라 가라앉은 빛깔의 찬란한 광휘, 오천 문화재 단지는 한마디로 그런 느낌으로 설명할 수 있는 곳이었다. 세월이 미더운 빛깔로 변해 흘러넘치는 곳! 바로 그런 느낌 말이다. 그러한 느낌은 새로 지은 두어 채를 제외한 모든 건물들에서 똑같이 느낄 수 있는 것이었다.

별당 안에는 '후조당'이라는 편액이 걸려있다. 퇴계의 글씨라고 한다.

별당의 왼쪽 끝에는 참으로 날렵하게 생긴 작은 사당이 자리잡고 있다. 통상적인 건물의 비례에 견주어 가로의 길이가 세로(높이)보다 짧게 지어져 있다고 느껴지는 건물이었다. 실제로 가로보다 세로가 짧다는 말은 아니다. 일반적으로 우리의 눈에 익은 건물들보다 깔고 앉은 터의 가로면 길이가 짧고, 높이가 더 길어 보이는 건물이라는 것이다. 그렇게 우리 눈이 익숙한 비례에서 조금 벗어나 있으므로, 이 건물은 실제보다 날렵하게 느껴지는 것이었다. 이 사당 건물의 문 앞쪽으로는 가로 5미터 세로 1.5미터 정도의 틀이 시멘트로 지어져 있었고, 그 위에는 비닐로 짠 자리가 사방 모서리가 돌로 눌려진 채 깔려 있었다. 이 사당은 광산김씨 예안 입향조 김효로와 임란 의병장 김해의 위패가 모셔져 있는 곳이라 하였다.

오천 문화재 단지 안에서 가장 중요한 곳은 유물각이라고 한다. 여기 옮겨진 건물들도 다섯이나 문화재로 지정되어 있지만, 유물각 안에 수장되어 있는 것들은 그보다 몇 갑절 가치 있는 것들이라는 것이다.

······ 이곳에서 가장 중요한 것은 유물전시관인 숭원각에 보존되어 있는 역사자료이다.

《오천 군자리》속의 한 구절이다. 유물각 안에는 희귀 고서, 문집류 등이 2천5백여 점, 고려말과 조선시대의 고문서들 2천여 점이 있으며, 이 가운데 고문서 7종 4백29점과 전적 13종 61점은 보물로 지정되어 있다는 것이다.

후조당과 읍청정을 지나 동쪽 끝에 이르면, 탁청정 종가와 탁청정이 있다.

탁청정 종가는 경북 유형문화재 26호로 지정되어 있다.

"이 건물은 탁청정 김유선생이 조선 중종 36년(1541년)에 세운 선생의 종가이다. 탁청정 김유선생은 광산김씨 예안 입향조인 농수 김효로의

후조당 전경

차자로, 생원시에 합격하였으며, 활쏘기에도 능하여, 문무를 겸비하였
던 분이다. 효성이 지극하여 관직에 나가있는 형을 대신하여 지성으로
부모를 섬겼으며, 성품이 호협하여 빈객을 좋아하였다. 종택은 민도리
홑처마의 ㅁ자형 목조와가로 정면 6칸, 측면 4칸이다. 건물의 구조는 안
채가 사랑채보다 높게 지어진 이 지방의 전형적인 양반주택 양식……"

안내판의 기록이다. 이 집은 조선 후기에 화재로 소실되어 중건한
것이라 한다.

　탁청정 종가는 살림집의 분위기가 여실하였다. 거름이 쌓여있는
외양간, 살림살이가 복잡하게 펼쳐져 있는 안채 마루 ― 누대를 이
어온 종갓집 같은 품위는 찾아볼 수 없고, 시골생활의 힘들고 여유

후조당 현판(퇴계글씨)

후조당 종택의 사당

탁청정 종택

없는 일상의 냄새가 종가를 지배하고 있었다. 그렇게 곤궁함 속에
놓여져 있는 종가를 나는 감히 안으로 들어가 이곳저곳 기웃거리며
살펴볼 엄두를 내지 못하였다. 어려운 삶 앞에서 탐방이나 관람은
사치이기 때문이다.

이와는 반대로 탁청정은 마음껏 살펴볼 수가 있었다.

탁청정이라는 정자는 1541년 종가와 같이 세워진 건물이라고 한다.

우측에는 3면이 트인 마루를 깔고 좌측에는 온돌을…… 원형기둥을
세우고, 기둥머리에 1출목의 익공포작을 짰으며, 창방 위에 화반을 두
었다. 화반이나 대궁의 조각이 우수하며, 겹처마에 팔작지붕을 올리어
정자로서의 격식을 잘 갖추었다.

안내판의 기록이다.

이 정자는 천천히 구석구석 살펴볼 가치가 있다.

이 정자의 '탁청정'이라는 현판은 한석봉의 글씨라고 한다.

오천 문화재 단지는 광산김씨의 소중한 역사이면서 동시에 우리 겨레의 소중한 문화유산이다. 오천 문화재 단지의 구석구석에서 우리는 결코 소홀히 보아넘길 수 없는 자랑과 애정을 느낄 수 있다. 광산김씨 예안파에서 엄청난 노력과 많은 자산을 투입하여 굳이 이 문화재단지를 만들고자 한 것은 그것이 과거의 자랑에 그치는 것이 아니라 미래의 자산이 되기를 바랐던 때문이라고 할 수 있을 것이다. 《오천 군자리》의 간행사에서 "이제 우리가 새 고향 새 터전을 한마음 한뜻으로 이룩하였으니 앞으로 우리 후손들은 빛나는 조상들을 배우고 익히는 교육의 도장으로 승화시켜야 할 것이다"라고 말하고 있듯이 말이다.

나는 이러한 광산김문의 소망이 실제로 이루어지기를 바란다. 과거를 끌고 미래로 나아가는 것이 아니라, 과거를 자산으로 삼아서 미래를 만들어 나가는 지혜는 오늘날 우리 모두가 갖추어야 할 삶의 바탕일 것이니까 말이다. 이것은 비단 광산김문만의 숙제가 아니라 우리 모두가 풀어내지 않으면 안되는 오늘의 숙제인 까닭이다.

5. 김준식 씨의 작은 혁명

'오천 군자리'를 탐방하고 나와 점심을 마치고 시내 대림혼다 안동 특약점 안쪽의 좁은 방에서 광산김씨 예안파 종손인 김준식 씨를 만났다. 사업을 하면서 안동문화원 부원장 직함을 가지고 있기도 한 그는 당당한 체구를 지닌 초로의 신사였다. 선이 굵은 성격에 완력도 있어 보이는 그는, 현대문화의 세례를 받아 하얀 와이셔츠를 잘 차려입고 반백의 머리칼도 기름을 발라 반듯하게 빗어넘긴 모습이었지만, 그럼에도 맨발인 채로 미리 예약이 되어 있는 손을 맞는 것으로 보아, 소탈하고 우직하기가 마치 삼국지의 장비를 연상시키기에 충분하였다. 그는 노란색과 탁한 남색이 적당히 어울린 넥타이를 매었고, 손과 발, 얼굴이 다 퉁퉁하고 큼직하였다.

자는 응순이요, 무인년(1938년) 5월 6일 생이다.

《파보》의 기록이다.

김준식 씨는 광산김씨 39세이고, 광산김씨 예안 오천 입향조인 김효로의 19세 손이다. 그는 광산김씨 38세인 창한의 아들인데, 창한은 그의 양부이다.

김창한은 자가 문견인데, 배위는 영천이씨이다.

김준식 씨의 생부는 창한의 아우 택진이다. 김택진은 자가 여옥이고, 아호는 죽초이며, 전국유도회 부회장을 지냈는데, 배위는 무안박 씨이다. 그는 다섯 아들을 낳았는데, 장자를 형에게 양자 보낸 것이다.

"우리는 나까지 포함해서 세 번을 양자를 했어요. 양자도 조카들로만 했으니, 뭐 양자라고 할 수도 없지요."

김준식 씨가 말하였다.

"나는 18대 봉사를 하고 있어요. 영남 유문들이 대개 18대나 19대 봉사를 하고 있지요."

김준식 씨는 그만큼 유서깊은 가문을 지키고 있는 종손인 것이다. 그의 강건해 보이는 두 어깨 위에 5백년 세월이 올라앉아 있는 셈이라고 하겠다.

"나는 조상이야기 자꾸 하는 것 별로 좋아하지 않아요."

그린 말로 우리를 맞았던 그였다.

"다 알려진 일들인데, 새로 할 이야기도 없고……."

그러면서도 김준식 씨는 광산김씨의 원조인 신라왕자 이야기로부터 '오천 군자리'의 문화재 단지에 이르기까지, 수백년의 세월을 오고가면서 이런저런 이야기를 막힘없이 들려주는 것을 마다하지 않았다.

"내가 먼저 이야기 하고, 그 다음에 듣고 싶은 것을 질문하세요."

아예 질문조차 막아버리고 시작한 그의 장광설은 조상이야기를 별로 좋아하지 않는다는 첫마디를 무색하게 하는 것이었다. 그의 도도한 이야기를 타고 시간은 살같이 흘러갔다. 그 오랜 이야기의 마디마디에는 김준식 씨의 조상과 가문에 대한 자긍심이 짙게 배어 있었다. 그의 어깨를 무겁게 짓누르고 있는 18세 종손으로서의 책임감이 어찌 그 자긍심을 그의 마음속에서 밀어낼 수 있으랴! 그의 그러한 자부심은 그의 자식들에게도 이어져 갈 것이다. 그는 2남 2녀를 두고 있는데, 그의 책임감과 자부심은 송두리채 장남인 석중 씨에게로 전해질 것이었다. 물론 60세를 넘긴 김준식 씨의 마음속에서 평생을 힘겨루기를 하였을 자부심과 책임감 사이의 역학관계는 아들 석중 씨의 마음속에서는 다른 값을 가질 수밖에는 없을 것이다. 세월은 흐르고 시대와 사람은 달라질 수밖에 없기 때문이다.

"나는 38살에 서울서 직장 다니다가 내려왔어요. 수몰되면서……."

고향의 수몰은 종가를 지키고 있던 어른들을 긴장시켰을 것이다. 그리하여 가문의 위난을 이겨내기 위하여 젊고 힘있는 종손을 필요로 하였을 것이리라!

"죽이 끓든 뭐가 끓든 내 몰라라 했으면 그만일 수도 있었겠지만…… 어쩔 수 없는 일이었지요. 그렇지만 엄청나게 변화하던 때라서…… 지금 와서는 후회가 되기도 해요."

그는 30대의 후반에 그 혼자만으로는 선택할 수 없는 인생의 기로를 맞았던 것이다. 5백년 세월을 지고 다가오는 가문의 전통을 받아들일 것이냐 말 것이냐 하는 양자택일의 순간을 말이다. 그리고 그 싸움의 승자는 미리부터 결정되어 있었던 것이다. 종가의 전통 속에서 살아온 그가 5백년 세월을 버리고 혼자만의 신세계를 꿈꿀 수는 없는 것이었기에…… 그러나 시대의 변화에 맞춰 호흡하는 그의 예리한 눈과, 가슴 속에 묻어둔 젊은 날의 꿈은, 그의 마음속에서 은밀하게 변화를 갈망하는 사상으로 자라날 수밖에 없었으리라는 점을 우리는 알 수 있다.

"지금은 많이 변했지요. 불조위 세사는 3월 중정인데, 사람들도 많이 모이지 않고…… 사람 안 모이는 조상제사는 형식이 아니냐 해서…… 음력 3월 둘째 일요일 낮에 지내지요. 낮에 지내니까 참 좋아요. 놀러가는 셈 치고 모여서 지내지요. 사람들도 많이 오고, 아이들도 오고……
한 십여 년 그렇게 지냅니다. 복주는 전통적인 법식대로 하지만, 복반
은 도시락으로 해요. 죽 둘러 앉아가지고 어른 아이 할 것 없이 도시락
을 먹어요. 간편하고 아주 좋습니다."

그렇게 김준식 씨는 가문의 전통 속에서 작은 혁명을 진행시키고
있었던 것이다. 변화를 따라잡으며 종가의 전통을 여전히 후손들의
삶의 중심에 위치시키고자 하는 노력이라고 하겠다.

"여러 가지를 현대적으로 간단하게 바꿀 필요가 있어요. 남이 어떻게
생각할까 하는 것을 떨쳐버리고, 그 시대가 요청하는 예법을 찾아내야
만 해요. '가가예문'이라고 했듯이, 예문에도 차이가 있을 수 있는 것
아니겠어요? 옛 법을 지키고 있는 곳, 여기 안동에서 시대에 맞게 예법
을 고치는 향도적인 역할을 해야 해요. 어느 시점에 가서는 향중이 모
여서 바꾸고…… 안동에서 우리 스스로 고쳐 나간다면 전부 바뀌어질
수 있을 것이예요."

그 의미와 가치가 살아있는 곳에서 바꾸어 나가야 한다. 그의 말
은 맞는 것 같았다. 바꾼다는 것에는 두 가지 양상이 있을 것이다.
그 의미와 가치가 완전히 힘을 잃은 곳에서 바꾸어버리는 것과 그
의미와 가치가 여전히 소중하게 간직되어 있는 곳에서 바꾸어 나가

는 것이 바로 그것이다. 전자의 경우에는 대체가 있을 뿐이다. 후자의 경우에는 과거와 현재의 진실한 대화가 있게 마련이다. 바꾼다는 것만을 취한다면 전자의 경우가 훨씬 쉽고 간편하다. 그러나 역사의 유산을 현재 속에서 여전히 살아있게 하면서 바꾸어 나가고자 한다면, 후자 쪽이 나은 것일런지도 모르는 일이다.

김준식 씨는 많은 것을 이미 바꾸어놓고 있었다. 그러나 그것으로 충분하다고 할 수는 없는 노릇이다.

"그래도 10월 한 달은 제사만 지내야 하지요."

김준식 씨가 말하였다.

시대 속에서 살아가기 위해서는 우리는 매일같이 작은 혁명을 준비하지 않으면 안 된다. 어느날 갑자기 낯선 시대에 떠밀려 표류하지 않기 위해서…… 김준식 씨의 작은 혁명이 현대라는 낯선 환경 속에서 종가의 삶이 단단하게 터전을 잡을 수 있는 방식을 찾아낼 수 있기를 기원하여 본다.

Ⅵ. 종가문화와 안동, 그리고 현대

유학은 종족주의를 전제로 한다. 그것은 '친족을 친애한다'는 주나라시대의 예법을 통해서도 확인될 수 있고, 이른바 효도를 가장 중요한 덕목으로 전제하는 유학의 도덕문화를 통해서도 확인될 수 있다. 이러한 종족주의는 유학입국을 선언하였던 조선의 성리학적 질서 속에서는 한결 적극적으로 추구되며, 그 조선시대적 전형으로써 여러 가지 문화양상들을 만들어 내기까지 한다. 족보문화, 종가문화, 장례문화, 제례문화, 묘지문화 등이 그 연장선상에 놓여지는 것들이다. 그리고 그 중심에는 종가문화가 놓여진다고 할 수 있을 것이다.

종가! 이른바 장자상속제와 남성지배 문화의 철저화를 전제로 하는 문화양상이다. 이 문화는 조선중기를 거치면서 완성되고, 조선말기에 이르면 확실한 문화적 정형성을 획득한다. 혈족의식이야 조선 중 후기 이후에서만 특별히 나타나는 것이라 할 수 없는 일이겠지만, 그 혈족의식이 문중의식으로 강화되고, 문중의식이 종가를 중심에 두고 역사적으로 표출되는 것은 조선 중 후기에서 만날 수 있는 특별한 것이라고 하겠다. 그것은 안동 주변의 오래된 종가들이 4백년이나 5백년 정도의 연륜을 갖는다는 점을 통해서도 증명될 수 있다.

종가는 또한 유학문화를 전제로 하는 향촌사회의 성장과도 관계가 있다. 세거지, 동족부락 등이 종가와 일정한 연관성을 갖는 것이다.

안동에는 유별나게 수백년 된 종가들이 많이 있다. 4, 5백년 된 종가들도 거의 마을마다 하나 둘씩은 있다시피 하고, 2, 3백년 정도 된 종가들은 너무 많아서 돌아볼 엄두조차 나지 않을 정도이다.

무엇이 안동 주변에 이렇게 많은 종가들이 존재하게 하였겠는가? 물론 안동에서만 특별히 종가문화가 발달한 탓이라고 할 수는 없는 일이다. 종가문화야 안동의 것이라고 하기보다는 조선의 것이었다고 하는 게 적절한 평가일 것이니까 말이다. 그러나 조선의 종가문화는 '벌써 해체되어 사라져' 버렸지만, 안동의 종가문화는 '지금도 실재'하거나, 적어도 '아직 해체가 진행 중'이라고 하는 것만은 사실이다. 이런 점에서 현재의 상황 속에서는 종가문화는 무엇보다도 안동의 것이라고 하는 것이 옳을 터이다.

현재의 상황 속에서 종가문화가 안동의 것이라는 것은, 안동이 특별하게 종가문화를 완성시켜 냈다는 점에서가 아니라, 안동에서 종가문화가 아직 유지되고 있다는 점 때문이다.

안동에서 종가문화가 아직도 유지되고 있는 원인은 여럿이라고 말할 수 있다. 도시로서의 안동이 산업화 · 현대화가 늦은 탓에 주변 지역의 전통적 삶살이를 본격적으로 해체시키지 않았다는 점, 이황

시대 이후 퇴계학적 세뇌가 수백년 동안 거듭되어 유학적 문화가 하나의 이념적 성격을 띨 정도로 강화되어 있었다는 점, 조선후기에 중앙 정계에 진출하는 것이 봉쇄된 남인 학맥의 유학적 지식인들이 각 지역에 정착하여 오랜 세월동안 지역문화의 수호자로 성장하여 있었다는 점, 지역의 여러 가문들이 학맥이나 혼반 등으로 복잡하게 얽혀서 서로가 서로를 지지하고 견제하는 역할을 수행하여 이 문화에서 이탈을 일정하게 저지하였다는 점 등이 그것이다.

그러나 안동의 종가도 이미 현장에서 퇴역 중이다. 많은 종가들이 비어가고 있으며, 설령 종가에 사람이 살고 있더라도 노인뿐인 경우가 대부분이다. 그것은 이미 종가가 안동지역 사람들의 현실적 삶살이와도 친화하지 못하고 있다는 증거라고 하겠다.

종가란 서울보다는 지방, 도시보다는 농촌, 개인보다는 종족, 현재보다는 과거, 후손보다는 조상을 중심으로 하는 문화이다. 그것이 현대와 친화하기 어렵다는 것은 분명하다. 현대적 삶은 서울, 도시, 개인, 현재, 후손을 중심으로 하여 펼쳐져 나가고 있기 때문이다.

그러나 현대적 삶은 자기중심적 편향성 속에서 단단한 문화적 기반을 갖추지 못하고 부초화해 가고 있다. 그런 현대적 삶 속에는 관계가 증발되고 없다.

혈연과의 관계, 지역과의 관계, 자연과의 관계 같은 것은 우리의 삶을 풍요롭게 하는 중요한 자산이다. 생각해 보라! 한 집안이 수백년 한 곳에 자리잡고 살아왔다면, 그 주변 자연, 그 지역과의 관계가 어찌 범상한 것이겠는가? 한 집안의 혈손들이 그 조상의 유덕을 기리고, 그 가문의 이름을 더럽히지 않기 위해서 살아가고자 한다면, 그 삶이 어찌 아무렇게나 살아가는 것과 같을 것이겠는가?

물론 종가가 좋은 모습만을 갖추고 있는 것은 아니다. 이를테면 과도한 남성 중심주의, 양반으로 대표되는 계급주의의 경화된 측면, 묘사나 위선사업 등으로 특징되는 과거지향적 낭비문화 등은 결코 바람직한 것이라고 하기 어렵다. 이런 측면들은 무엇보다도 현대와 친화하기 어려운 것이라고 하겠다.

항상 우리가 무엇보다도 먼저 생각해야 할 것은, 우리가 상속받고 있는 것들은 어느 하나 예외없이 소중한 오늘의 문화적 자산이라는 점이다. 우리가 어떤 시각에서 접근하여 가느냐에 따라서, 그것들은 그 모습과 성격을 달리할 수 있는 것이다. 어떤 문화가 외견상 현대에 맞지 않는 측면을 갖는다고 해서, 그것을 완전히 매도하여 버릴 필요는 없다는 말이다.

종가문화를 앞에 두고도 우리는 이런 조심스러움을 갖출 필요가 있다. 오늘 우리들의 삶 속에서 살려갈 수 있는 방법이 없을까를 먼저 고민할 필요가 있다는 것이다. 그러한 노력은 종가문화가 완전히 사라져버린 자리에서는 시작할 수조차 없다. 종가문화가 미약하게나마 아직 기능하고 있는 곳, 안동에서 그러한 노력은 전개될 수 있다. 그리하여 안동이 종가문화와 현대적 삶을 화해시킬 수 있다면, 우리의 현대적 삶은 조금은 더 풍요로움을 갖출 수 있을 것이다.